3
EDUCACIÓN PRIMARIA
en curso

Música

Rosa M.ª Montserrat

Bruño

Dirección del proyecto editorial
Jesús Hinojal

Autora
R. M.ª Montserrat

Edición y realización editorial
Demipage

Coordinación de diseño
Cristóbal Gutiérrez

Ilustración
Sebastià Serra y **Daniel Jiménez**

Fotografía
AISA-Archivo Iconográfico, S. A.; O. Alemany; Album / E. Lessing; Alfa-Omega; A. Pòrtet; M. Catalan; Corbis / Cover; Cordon Press / R. J. Capak / WireImage.com; M. Costas; Cover / Photonica; Firo-Foto; Getty Images; Godo-Foto; HighRes Press Stock; Index; Oronoz; Prisma; L. Sogas; Stock Photos; Ll. Valcàrcel; Shutterstock; Archivo Anaya y **Archivo Bruño**

Todas las actividades de este libro deben realizarse en un cuaderno aparte, nunca en el mismo libro.

Este libro corresponde al tercer curso de Educación Primaria, área de Educación Artística, Educación Musical, y forma parte de los materiales curriculares del proyecto del Grupo Editorial Bruño, S. L.

Juan Ignacio Luca de Tena, 15
28027 Madrid

ISBN: 978-84-696-0831-9
Depósito legal: M-17072-2014
Printed in Spain

BS007266/1E-4I – 7120046

Índice

Escuchamos

Cantamos, tocamos y bailamos

La escala de do mayor

La escala mayor tiene ocho grados.

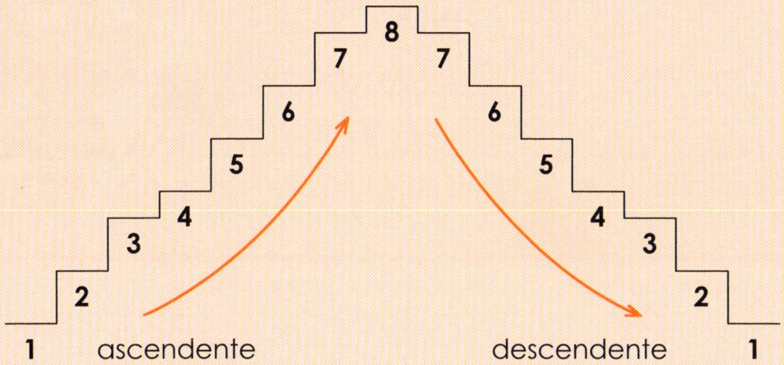

2 Canta la escala de do mayor:

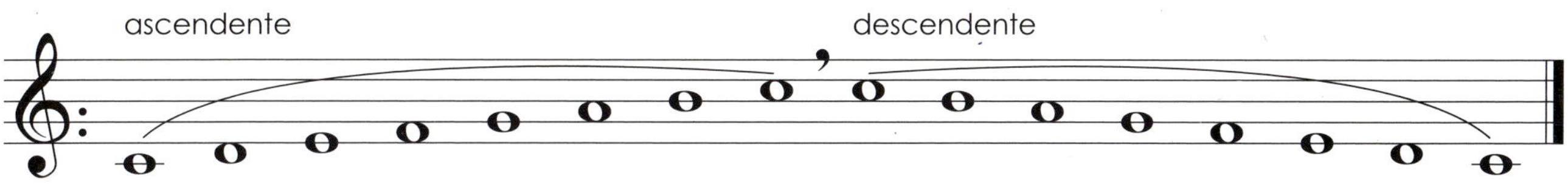

3 Formad grupos de ocho y cantad la escala de do mayor.

4 Cantadla ahora diciendo los números en lugar de los nombres de las notas: 1; 1,2; 1,2,3 ....

5 Escuchamos: Las familias de instrumentos *(pág. 58)*.

El compás binario de 2/♩

El compás de 2/♩ tiene dos pulsaciones:

La primera es **fuerte** y la segunda es débil.

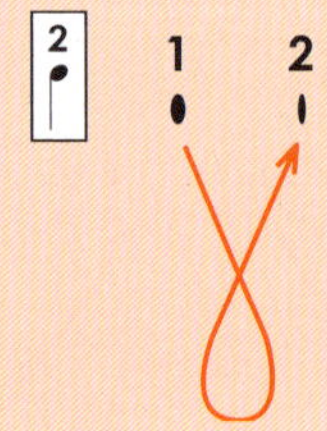

6 Practica el compás de 2/♩ a dos manos mientras repites: «arriba, abajo; un, dos; compás de dos».

7 Canta la canción *Abecé* llevando el compás binario de 2/♩.

¡RECUERDA!

8 Recita y palmea:

9 Canta la escala de do con estos ritmos llevando el compás binario de 2/♩.

10 Canta esta escala de do descendente. ¿A qué fragmento de la canción *Abecé* pertenece?

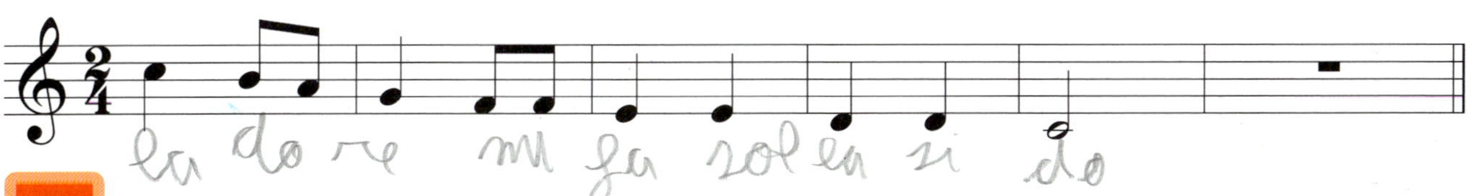

11 Recita, marca con palmas y combina:

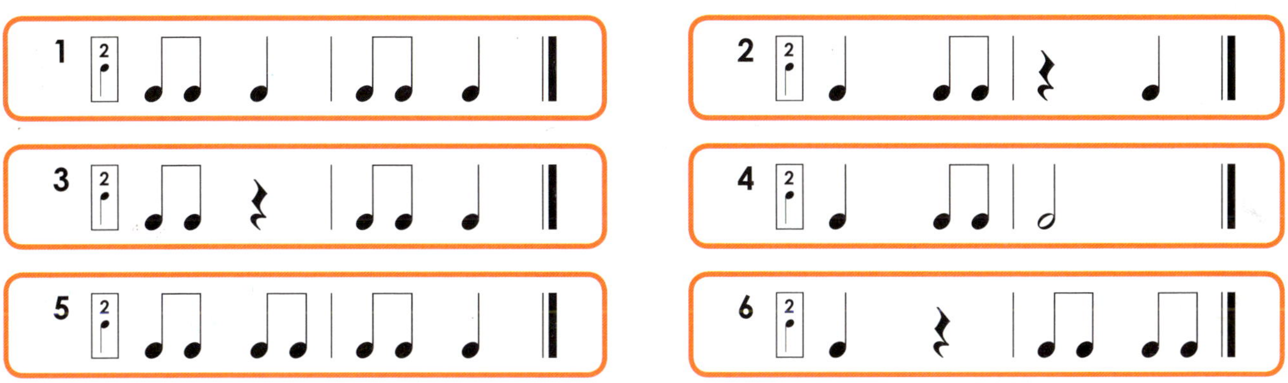

12 Escuchamos: *Las ruinas de Atenas «Marcha turca»* (pág. 62).

Intervalos melódicos de segunda

El **intervalo** es la distancia en altura entre dos notas.

Un **intervalo melódico** se forma entre dos notas que suenan una tras otra.

Intervalo de segunda

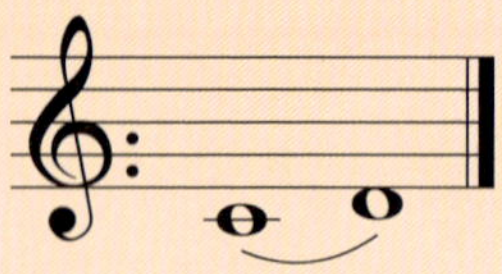
2.ª ascendente

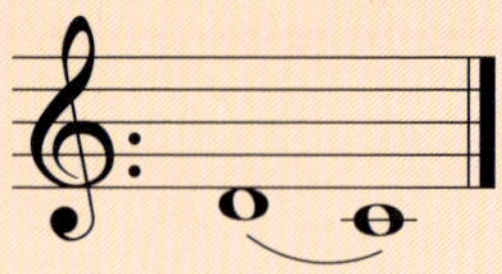
2.ª descendente

13 Canta los intervalos de segunda que se forman dentro de la escala de do mayor en orden ascendente y descendente:

en orden ascendente

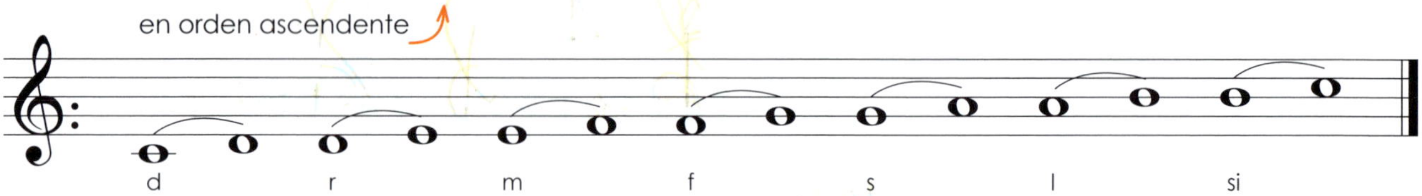

en orden descendente

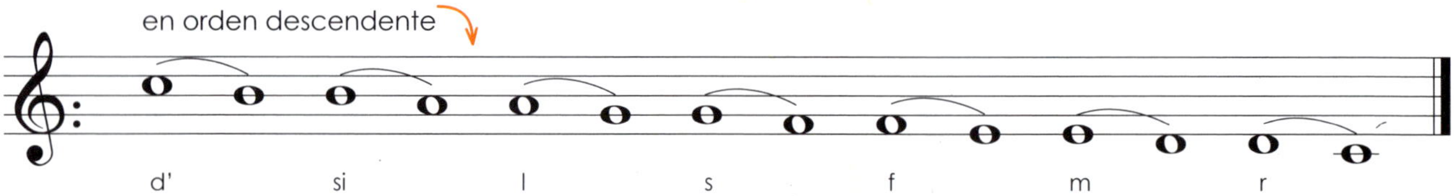

14 Canta estos fragmentos melódicos:

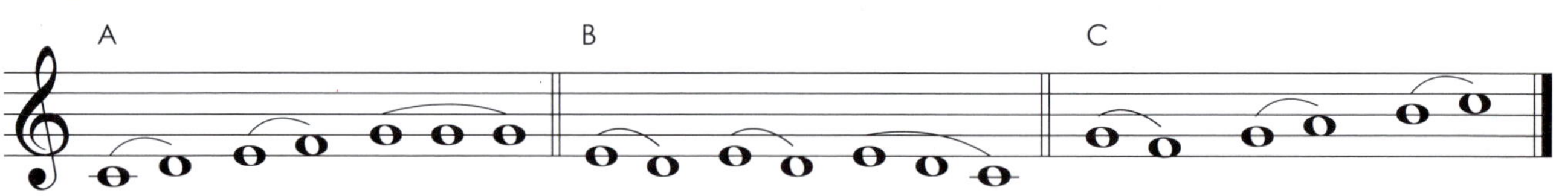

15 Jugad al juego rítmico *Abracadabra:*

Unidad 1. Págs. 3-6
Encontraréis las explicaciones del juego en la P.D.

2 Saltamos intervalos de tercera

1 I 3 y 4 Escucha y después canta la canción *Salta la rana:*

1. Sube aquí a cantar
y no pares de saltar,
bájate a bailar,
con el sol podrás jugar.

Croac, croac, croac-croac, croac.
Croac, croac, croac-croac, croac.

2. Si la rana está
muy cansada de saltar,
que se esconda aquí,
en la charca a descansar.

Croac, croac, croac-croac, croac.
Croac, croac, croac-croac, croac.

Rosa M. Montserrat

El intervalo de tercera

Afinación

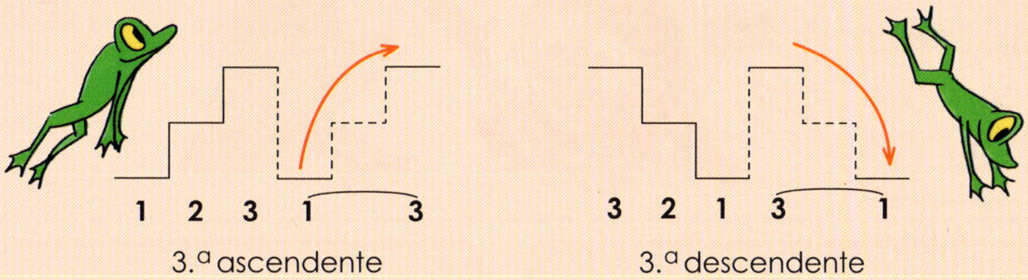

2 Canta:

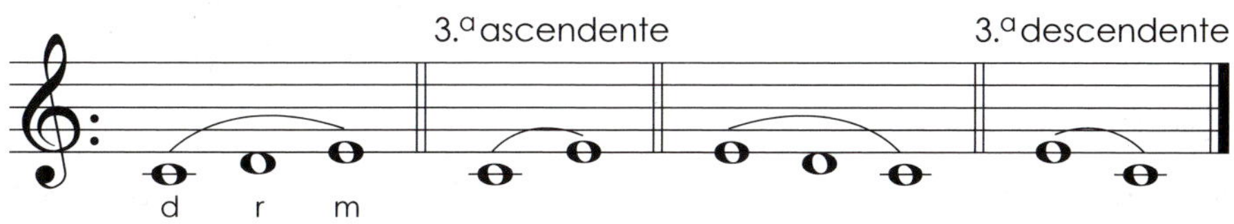

3 15 Recita y marca con palmas los acentos. Después solfea la partitura de la canción *Con mi martillo*.

Con mi martillo, martillo, martillo
con mi martillo, martillo yo.
Con mi serrucho, serrucho, serrucho
con mi serrucho, serrucho yo.
Con mi cepillo cepillo, cepillo
con mi cepillo, cepillo yo.

Popular

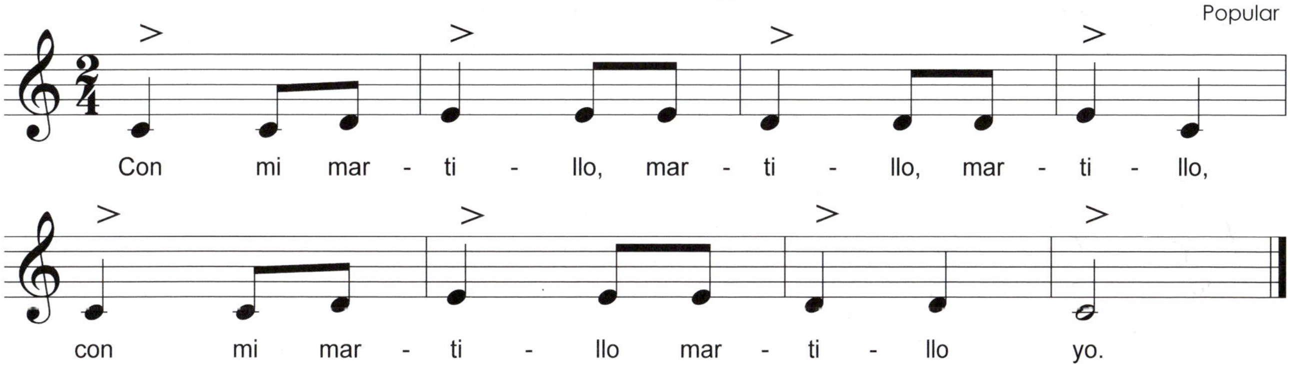

4 Observa la partitura y encuentra el intervalo de tercera descendente mi-do.

El inicio de las canciones

Inicio tético

Empieza en el primer tiempo del compás, el tiempo fuerte.

Inicio anacrúsico

Empieza en el último tiempo del compás, el tiempo débil.

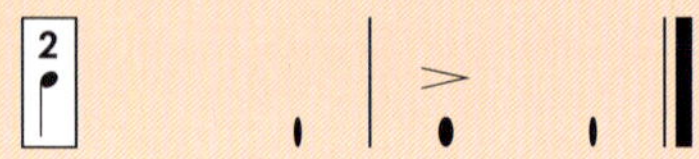

5 Canta marcando la pulsación o llevando el compás de 2. ¿Qué tipo de inicio tiene cada canción?

1

2

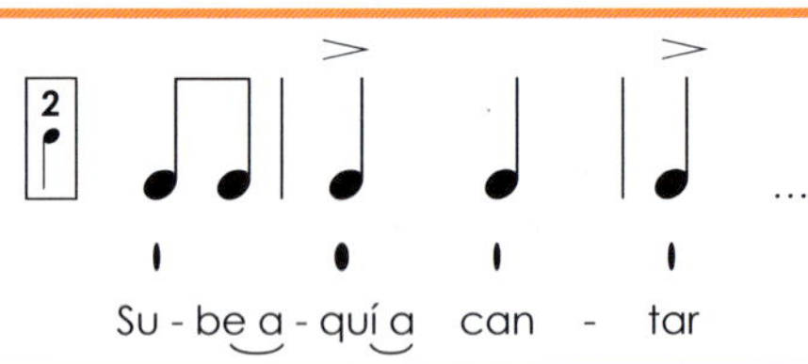

3

4

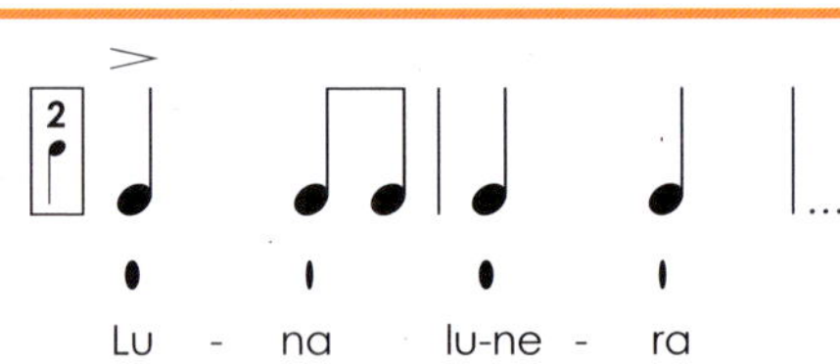

5

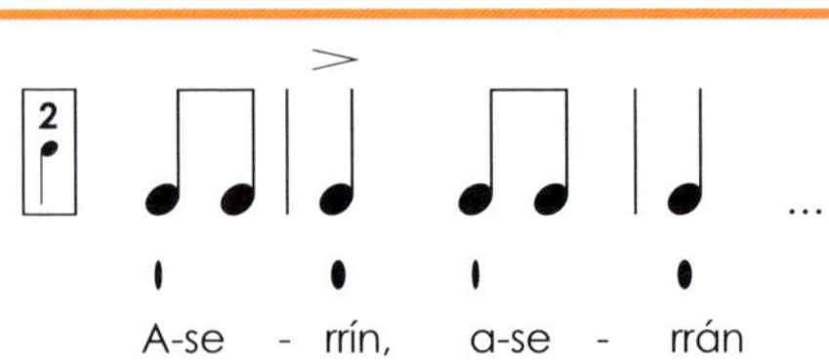

6

6 Cantad otras canciones y averiguad qué tipo de inicio tienen.

7 Escuchamos: Instrumentos de cuerda pulsada: El arpa y la guitarra *(pág. 66)*.

El calderón 𝄐 Partitura: Salta la rana

8 Marca con palmas el ritmo y después solfea las tres frases de la canción *Salta la rana:*

9 Observa la partitura anterior y contesta:

A ¿En qué compás está escrita?

B ¿Cómo es el inicio de cada una de las tres frases: tético o anacrúsico?

C ¿Qué frase de la canción tiene 𝄐?

D ¿Cuántos compases tienen el intervalo de tercera ascendente do-mi con ritmo de negras? ¿Y cuántos lo tienen en forma descendente?

Trabalenguas rítmicos

10 Recita el texto y palmea el ritmo:

Inicio tético

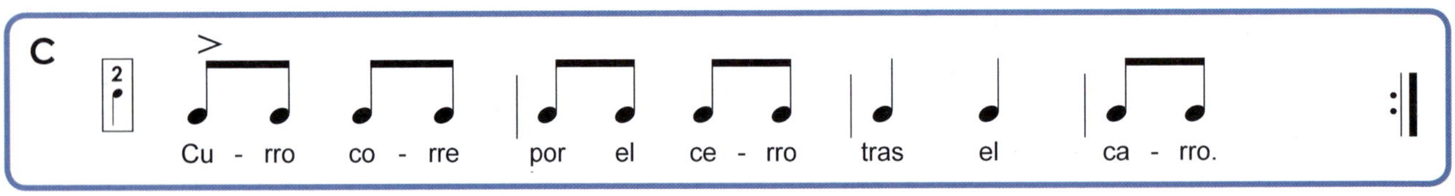

Inicio anacrúsico

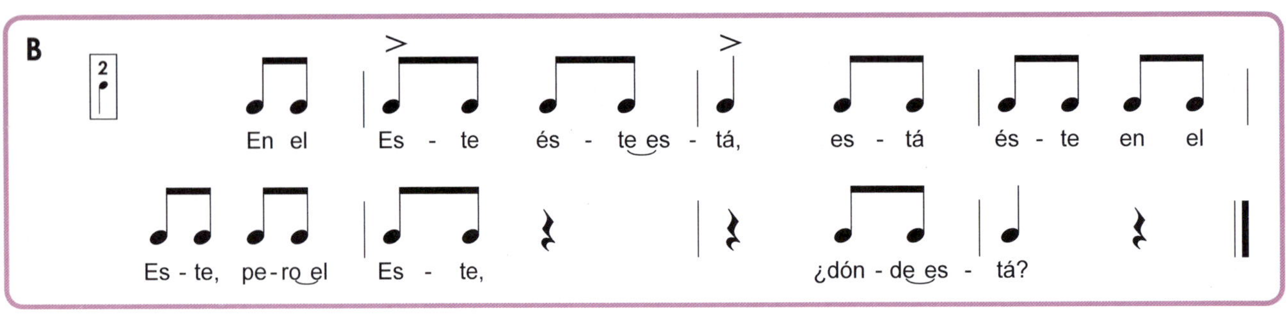

11 ¿Qué trabalenguas te ha costado más decir? ¿Cúal te ha gustado más?

12 Escuchamos: Instrumentos de cuerda pulsada del mundo *(pág. 68)*.

Rodolfo el reno

13 6 y 7 Canta la canción *Rodolfo el reno.*

Era Rodolfo un reno que tenía la nariz
roja como la grana con un brillo singular.
Todos sus compañeros se reían sin parar,
y nuestro buen amigo triste y solo se quedó.
Pero Navidad llegó, Santa Claus bajó
y a Rodolfo lo eligió por su singular nariz.
Tirando del trineo fue Rodolfo sensación,
y desde ese momento toda burla terminó.

14 Cread entre todos un acompañamiento para la canción.

Vivencias musicales

El concierto de Navidad

En Navidad solemos organizar actuaciones, fiestas, conciertos y actividades para que los familiares y amigos se lo pasen bien escuchando y observando las obras que hemos preparado para la ocasión.

EN NAVIDAD CANTAMOS VILLANCICOS.

EN NAVIDAD RECITAMOS POESÍAS.

EN NAVIDAD REPRESENTAMOS UN BELÉN VIVIENTE.

Tanto durante el proceso de preparación del espectáculo, como durante la actuación, tú eres el creador y el intérprete de la obra. Tienes que saber escuchar muy bien, colaborar con los demás y crear un buen ambiente de trabajo.

Es importante que seas consciente de que formas parte de un grupo y que entre todos conseguiréis que los espectadores disfruten y se emocionen.

1 Entre todos escoged y comentad las palabras que se ajustan más al trabajo que habéis preparado para Navidad:

2 Conversad entre todos:

A ¿Qué sientes antes de subir al escenario?
B Mientras actúas, ¿disfrutas con lo que estás haciendo? ¿Por qué?
C Al terminar la actuación, ¿cómo te sientes? ¿Cómo estás?

Unidad 2. Págs. 7-10

Lectura de partituras

1 Escucha estas melodías y solféalas:

18 Canción *Mi, fa, sol*. Compás binario. Inicio anacrúsico. Notas de la escala de do (de do a sol). Intervalos de segunda.

E. Willems

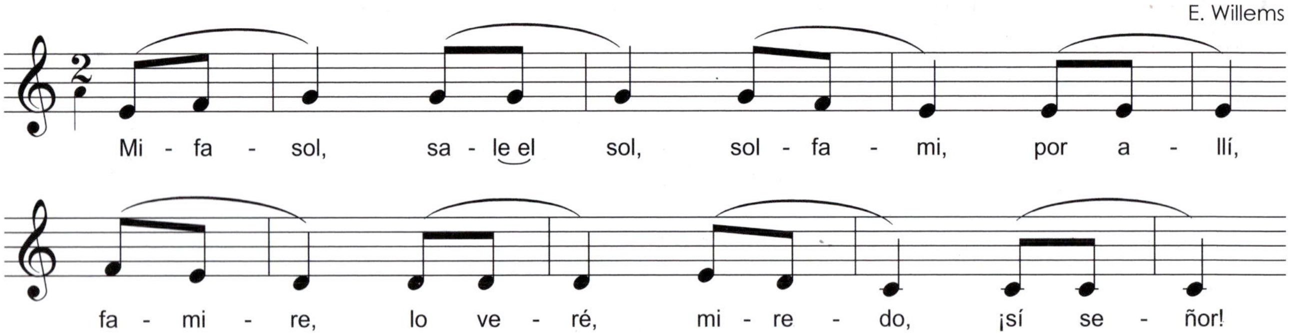

19 Canción *La perdiz*. Compás binario. Inicio anacrúsico. Notas de la escala de do (de do, a do'). Intervalos de segunda.

E. Willems
Adapt.: R. Capdevila y R. Mampel

He aprendido

Signos y símbolos

El calderón: 𝄐 Colocado encima o debajo de una nota o silencio, indica que podemos alargar un poco su duración.

Ritmo

El compás binario de 2/♩ tiene 2 pulsaciones en cada compás: la primera es fuerte y la segunda es débil.

Figuras rítmicas:

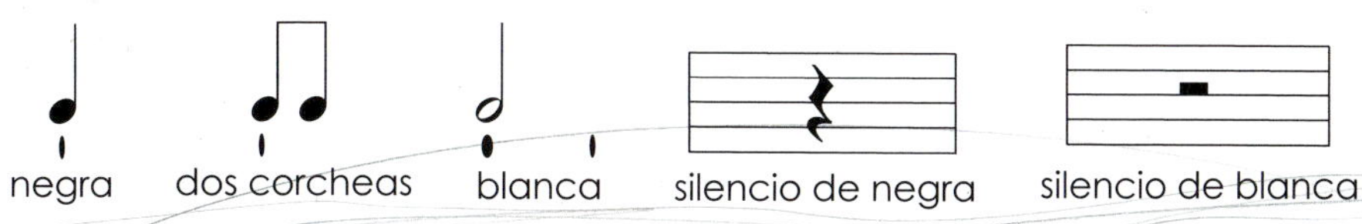

Inicios:

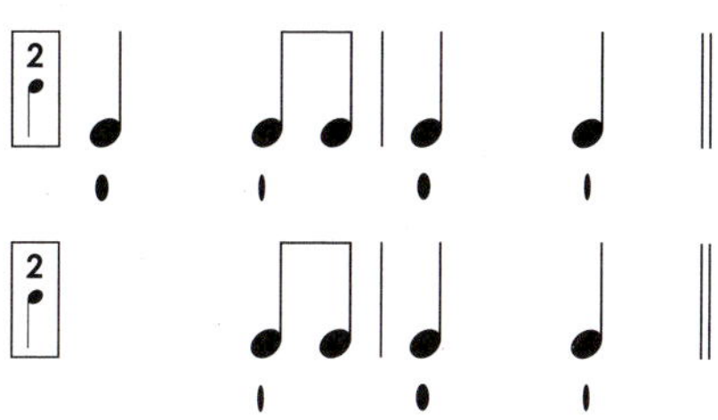

- Tético: Empieza en el primer tiempo del compás, tiempo fuerte.
- Anacrúsico: Empieza en el último tiempo del compás, tiempo débil.

Melodía

La escala de do mayor:

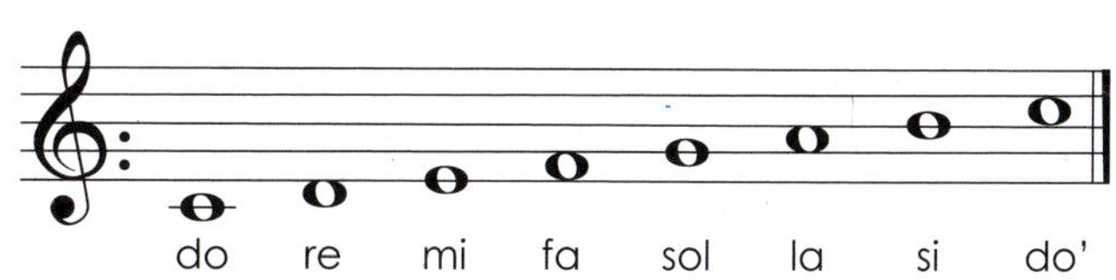

Intervalo: Es la distancia en altura entre dos notas, cuando una nota suena detrás de la otra.

Instrumentos

Los instrumentos musicales se agrupan por familias: percusión, viento, cuerda, eléctricos, electrónicos y virtuales.

Instrumentos de cuerda pulsada:

3 Vamos a ritmo de vals

1 I 10 y 11 Escucha la canción *¡Ya llegó el frío!* y después cántala:

1. Ya llegó el frío polar,
   si vas a salir te debes tapar.
2. Con jersey y guantes también,
   si vas a jugar abrígate bien.
3. Frío ya no voy a pasar,
   y ya puedo ir al patio a jugar.
4. Ya nevó, yo voy a salir,
   un muñeco haré que te haga reír.

Rosa M. Montserrat

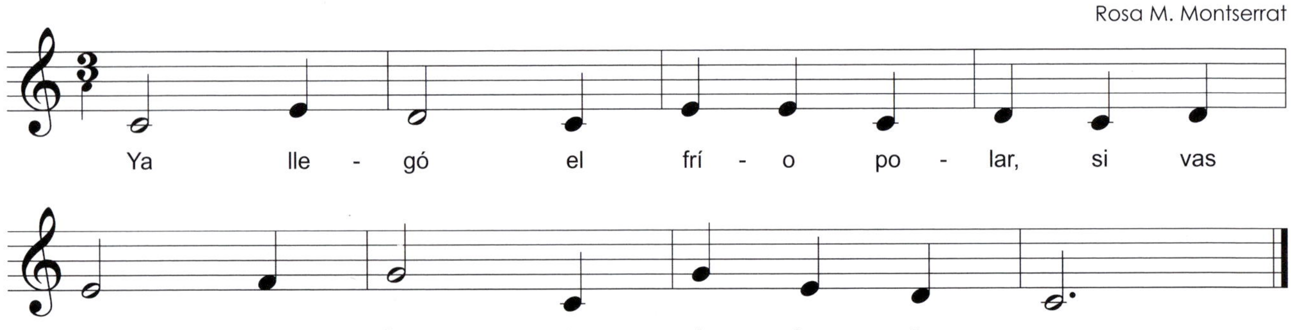

El compás ternario de 3/♩

El compás de 3/♩ tiene tres pulsaciones:

3/♩ 1 2 3 — **fuerte** débil débil

La primera es **fuerte** y la segunda y la tercera son débiles.

2 Practica el compás de 3/♩ a dos manos repitiendo: «arriba, abrir, cerrar; un, dos, tres; compás de tres».

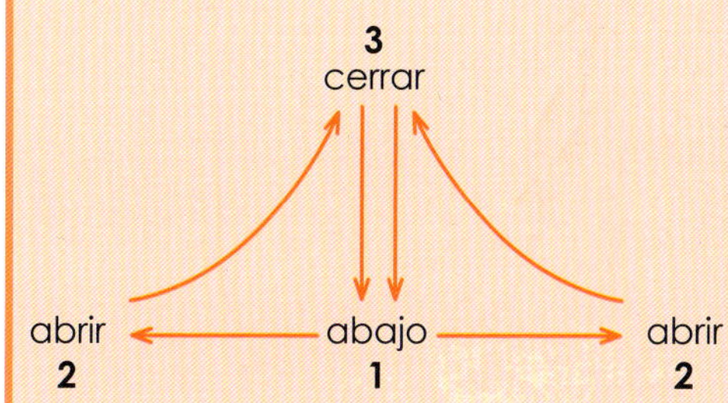

3 Canta la canción *¡Ya llegó el frío!*

llevando el compás ternario de 3/♩.

4 Canta la canción *¡Ya llegó el frío!* y acompáñala con este ostinato a dos manos:

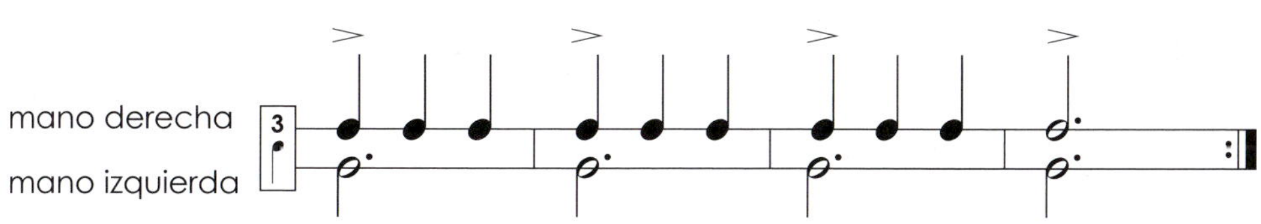

5 Escuchamos: *Suite número 2 «Minueto»* *(pág. 70)*.

𝅗𝅥. = 2 + 1 = 3 𝅗𝅥. = 2 + 0,5 = 2,5

La blanca con puntillo 𝅗𝅥.

Signos de prolongación

La **ligadura** suma la duración de las figuras. Une dos notas con el mismo nombre y que están en la misma línea

El **puntillo** acompaña a la figura haciendo que se alargue la mitad de su valor.

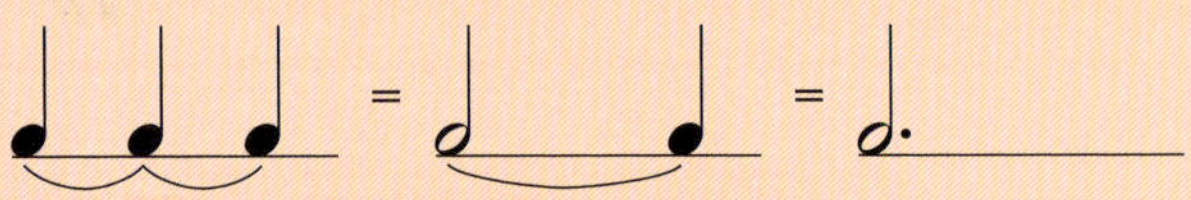

Blanca con puntillo

En el **compás ternario** de 3/𝅘𝅥 caben:

Una blanca con puntillo		La blanca con puntillo llena todo el compás.
Tres negras		Cada negra llena un tiempo del compás.
Seis corcheas		Dos corcheas llenan un tiempo del compás.

6 Recita el ritmo mientras marcas la pulsación con un lápiz sobre la mesa:

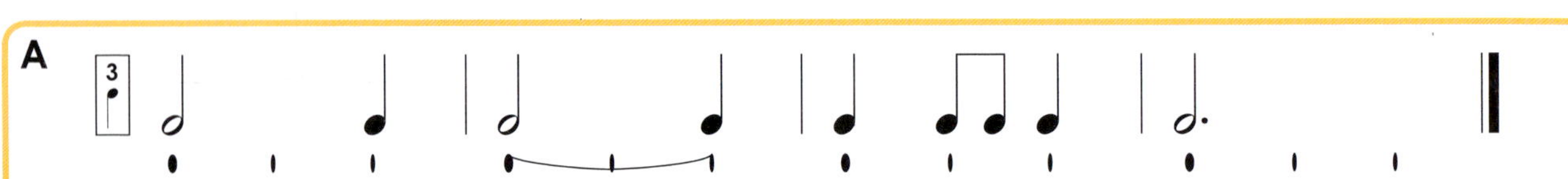

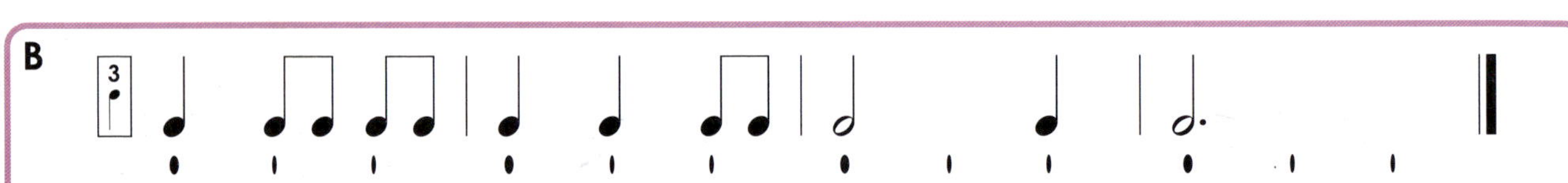

7 Cantamos, tocamos y bailamos: *Vals mexicano* (pág. 98).

Polirritmia

8 Formad tres grupos y acompañad la canción *¡Ya llegó el frío!* con instrumentos:

9 Observa la polirritmia que habéis tocado:

ritmo

pulsación

tiempo fuerte

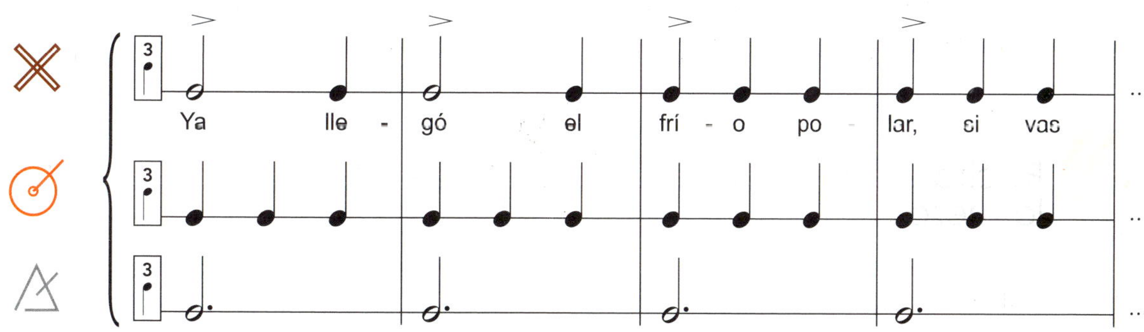

10 Recitad y tocad esta polirritmia-adivinanza:

1.ª voz

2.ª voz

Del 1.er al 5.º grado de la escala

Intervalo de quinta

Afinación

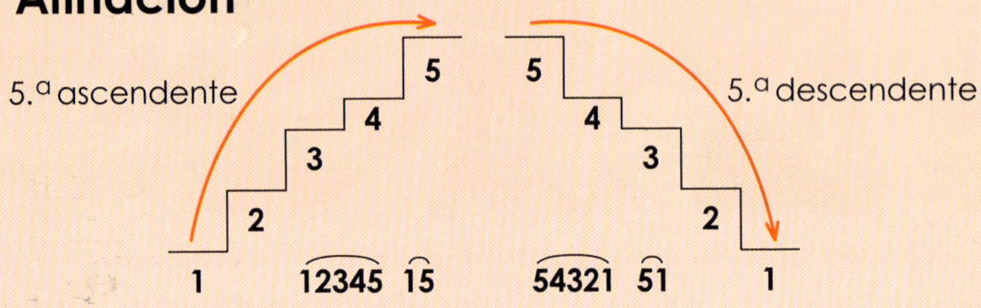

11 Canta:

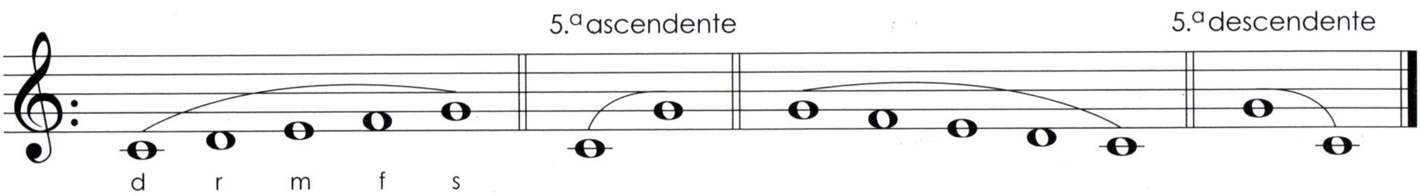

12 I 12 Recita y marca con palmas los acentos. Después lee la partitura de la canción *Los timbales*.

Los grandes timbales
solo hacen dos notas:
sol, do, do, do, sol, sol
y ¡bom, bom, bom, bom!

13 ¿Cuántos intervalos de quinta ascendentes hay? ¿Y descendentes?

W. Geisler
El concierto: fragmento

14 Escuchamos: Instrumentos de cuerda eléctricos (pág. 72).

15 I 13 y 14 Canta y combina:

1

2
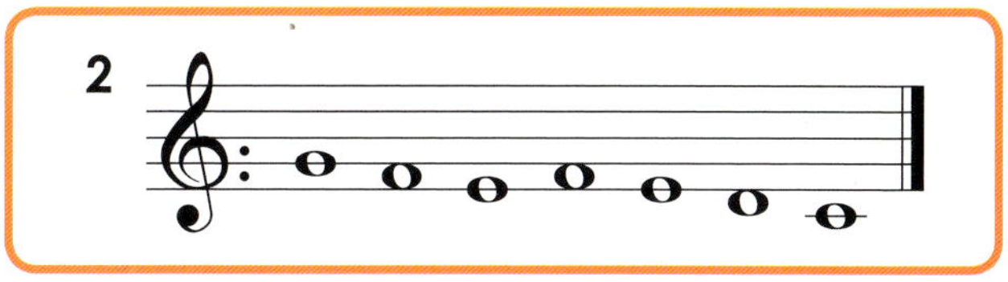

3
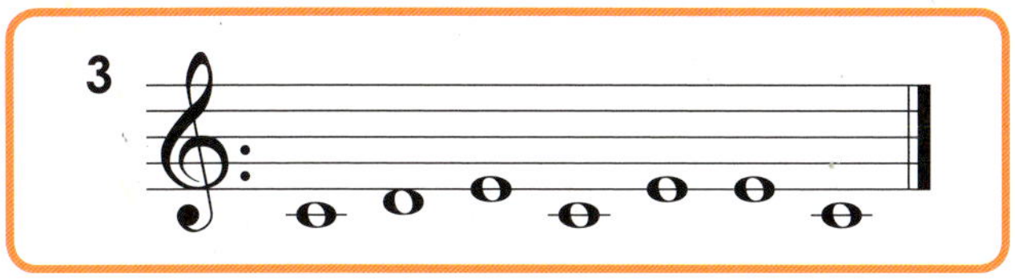

4
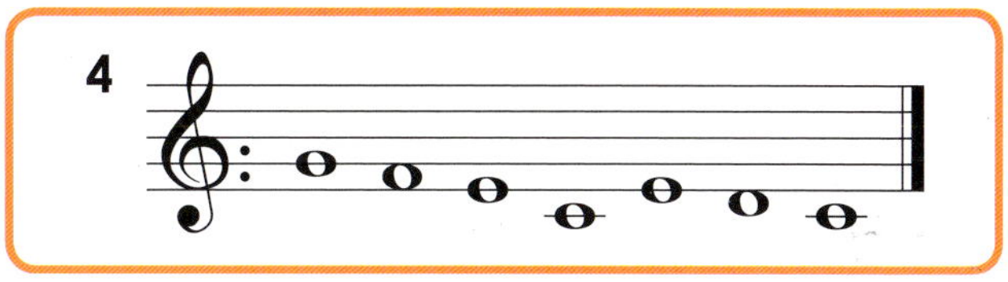

5

6
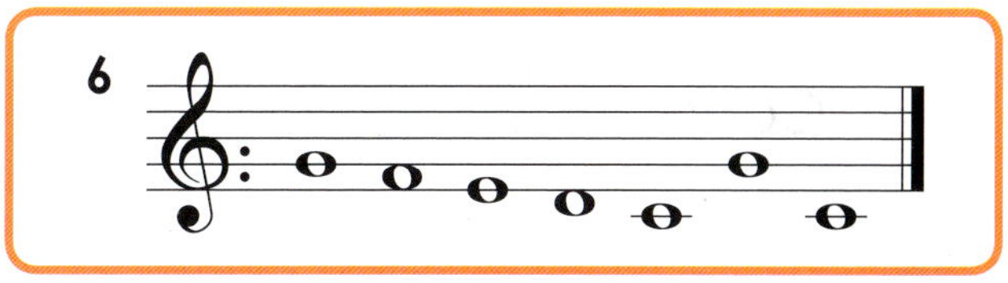

16 Observa las melodías anteriores y responde:

A ¿Qué melodías tienen el intervalo de tercera do-mi?

B ¿Cuáles tienen el intervalo de quinta do-sol?

17 Memoriza las melodías que te indica el profesor o la profesora y cántalas señalando las notas en la escala.

Ritmo en compás ternario

más página 70 72 - 77

18 Recita, palmea y combina:

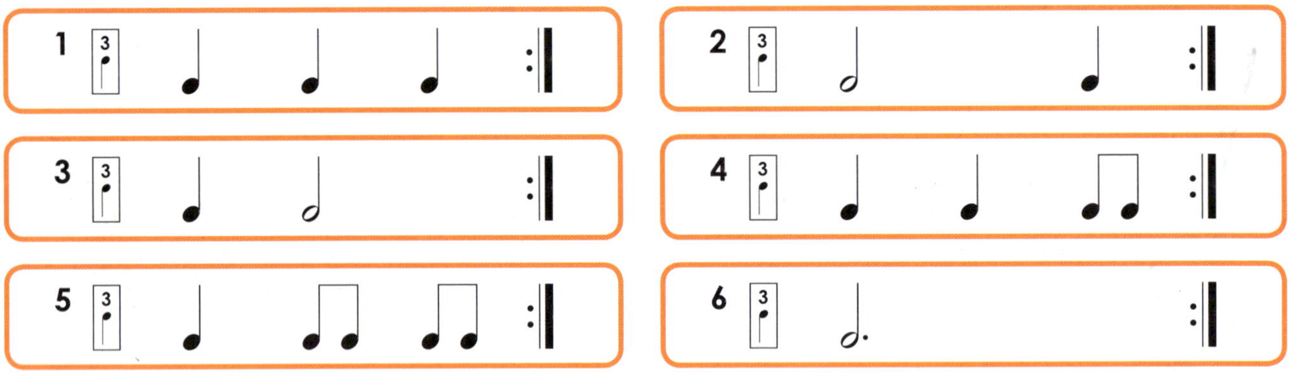

19 Lleva el compás y recita el ritmo de la canción *¡Ya llegó el frío!*:

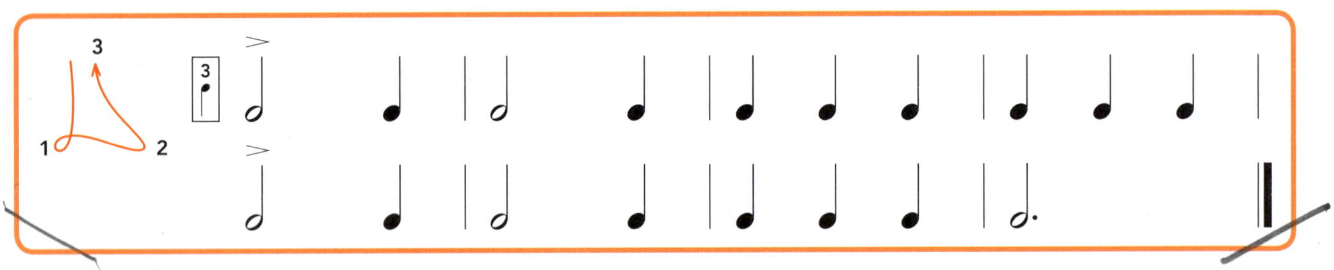

20 Solfea la partitura de la canción *¡Ya llegó el frío!* de la página 22.

21 Jugad a la cadena rítmica con ritmos ternarios.

Ver explicación del juego en la P.D.

El canto de los pájaros

22 I 15 - 20 Escucha e imita el canto de estos pájaros:

cuervo

tórtola

abubilla

abejaruco

codorniz

cuco

23 Comentad cómo son los cantos de los pájaros: si son agudos o graves, si los pájaros cantan intervalos o notas repetidas, y si el canto es regular o irregular.

Unidad 3. Págs. 15-18

4 Tocamos la tríada y el acorde

1 I 21 y 22 Escucha la canción *El juez de Aranjuez* y después cántala:

Una vez hubo un juez
que vivía en Aranjuez.
Fue a pescar un gran pez,
uno, dos y tres,
En la orilla lo comió
y al solecito se durmió.
Y después, un, dos, tres,
se volvió a Aranjuez.

Popular alemana
Letra: G. Dulitzky

Intensidad **Dinámicas**

2 Observa cómo se pueden indicar los cambios de intensidad:

p < *mf* *f* — *f* > *mf* *p*

Crescendo (cres.)
La intensidad crece poco a poco.

Diminuendo (dim.)
La intensidad disminuye poco a poco.

pp *Pianissimo* (muy flojo)
p *Piano* (flojo)
mf *Mezzoforte* (medio fuerte)
f *Forte* (fuerte)
ff *Fortissimo* (muy fuerte)

3 Canta teniendo en cuenta los indicadores:

Una vez hubo un juez que vivía en Aranjuez.
mf
Fue a pescar un gran pez, uno, dos y tres.
p
En la orilla lo comió y al solecito se durmió.
< *mf*
Y después, un, dos, tres, se volvió a Aranjuez
f *mf* >

4 Escuchamos: Instrumentos de cuerda frotada con arco (*pág. 74*).

La tríada de do

La **tríada** de **do** está formada por las notas **do, mi, sol.**

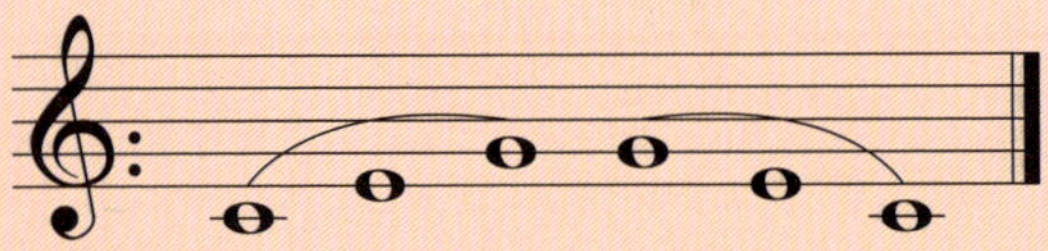

5 Canta todas las notas, excepto las que están en fondo naranja, que las tienes que pensar:

1

2

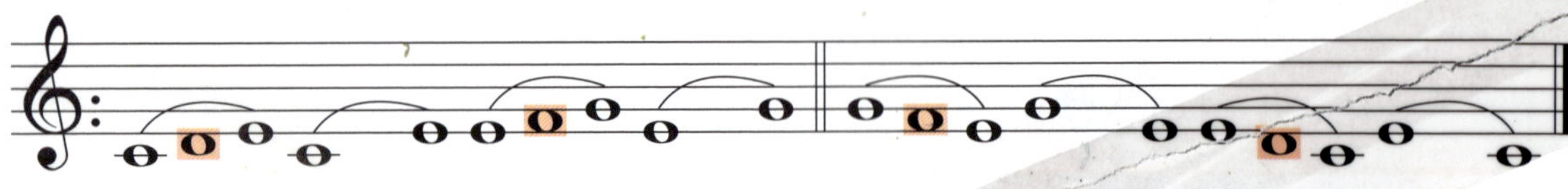

3

6 Formad tres grupos: cada grupo canta una nota de la tríada de do.

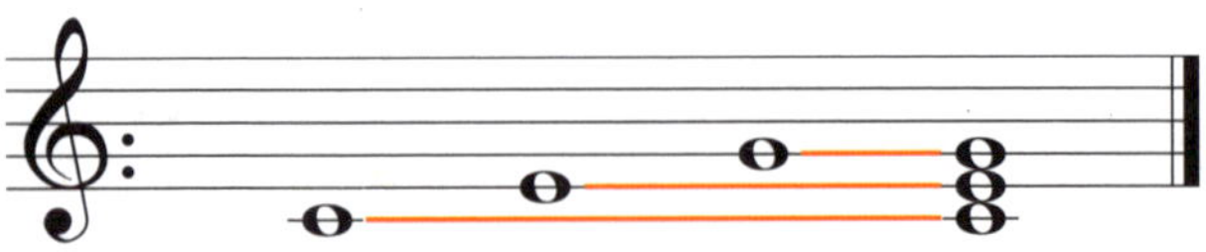

Si las tres notas de la tríada suenan al mismo tiempo, se forma un **acorde**.

7 I 23

Canta la canción *Tres notas* indicando las tres alturas con el gesto de las manos:

8 I 24 y 25

Canta y combina:

9

Inventa melodías con las notas de la tríada de do. Cántalas y haz que los compañeros te imiten.

La frase musical **Pregunta y respuesta**

10 Observa la partitura, interprétala y contesta las preguntas:

Frase 1
Pregunta
Respuesta
Frase 2
Pregunta
Respuesta

A La canción tiene dos frases musicales con estructura de...
B ¿Con qué nota acaban las preguntas? ¿Y las respuestas?
C Fíjate que las respuestas son iguales. ¿Qué forman las notas de los dos últimos compases?

11 Canta y acompaña la canción *El juez de Aranjuez* con estos ostinatos:

Pregunta

Respuesta

12 Escuchamos: El quinteto de cuerda *(pág. 76)*.

13 Interpreta estos ritmos con estructura de pregunta y respuesta:

14 Practica la pregunta y respuesta haciendo lo siguiente:

15 Cantamos, tocamos y bailamos: *El aprendiz de violín* (pág. 100).

Unidad 4. Págs. 19-22

Vivencias musicales

Los lutier

Podemos hacer música cantando, silbando, picando con las manos o los pies, solos, con otra persona o en grupo. A menudo nos ayudamos con algún instrumento.

A los artesanos que fabrican, restauran y reparan instrumentos de cuerda los llamamos Lutier. Este nombre procede de la palabra Lüth que significa laúd, un instrumento de origen árabe de cuerda pulsada.

Los materiales que el lutier escoge, y su habilidad, hacen que de madera inerte salga un instrumento extraordinario, capaz de transmitir sensaciones únicas.

El lutier elige personalmente la mejor madera para poder conseguir el mejor resultado estético y de sonoridad. También escoge el barniz más adecuado y la mejor época del año para realizar este proceso.

Hoy en día, el oficio de lutier ha decaído. Esto es así, porque en las fábricas los instrumentos se producen en cadena y esto hace que resulten más económicos, aunque la calidad de su sonido sea mucho peor. Pero el oficio sigue, porque muchas personas saben que para fabricar un gran violín es necesario el tiempo y el arte que le dedica el lutier.

El **arco** es una vara de madera a la que se atan unas cerdas. Durante mucho tiempo las cerdas han sido de cola de caballo. Actualmente son de fibra sintética.

El arco es un utensilio indispensable en todos los instrumentos de cuerda frotada.

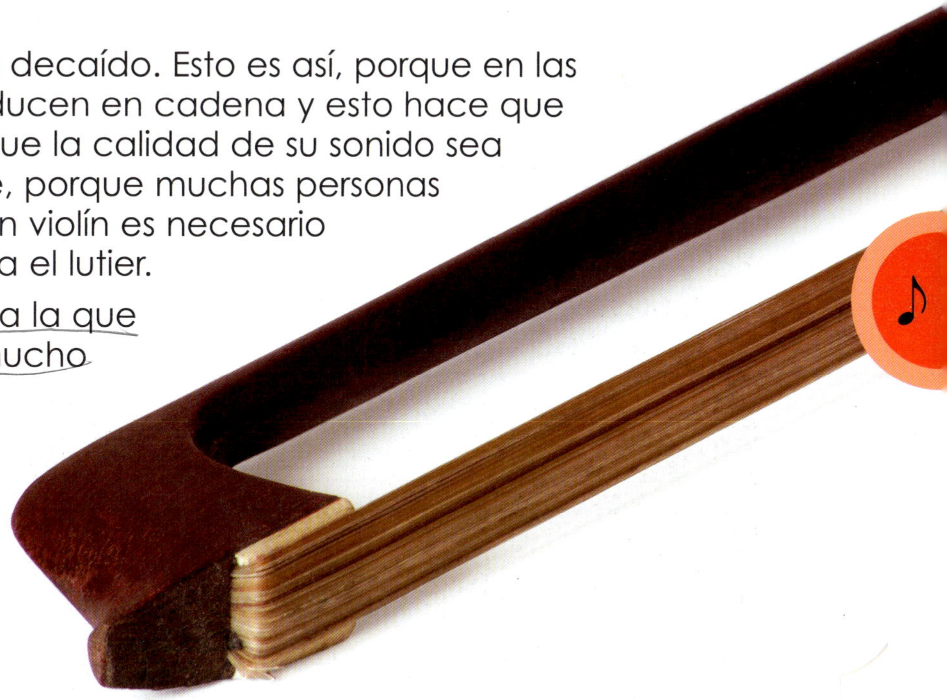

1 Haz de lutier y construye un instrumento de cuerda. Aquí tienes una idea:

1

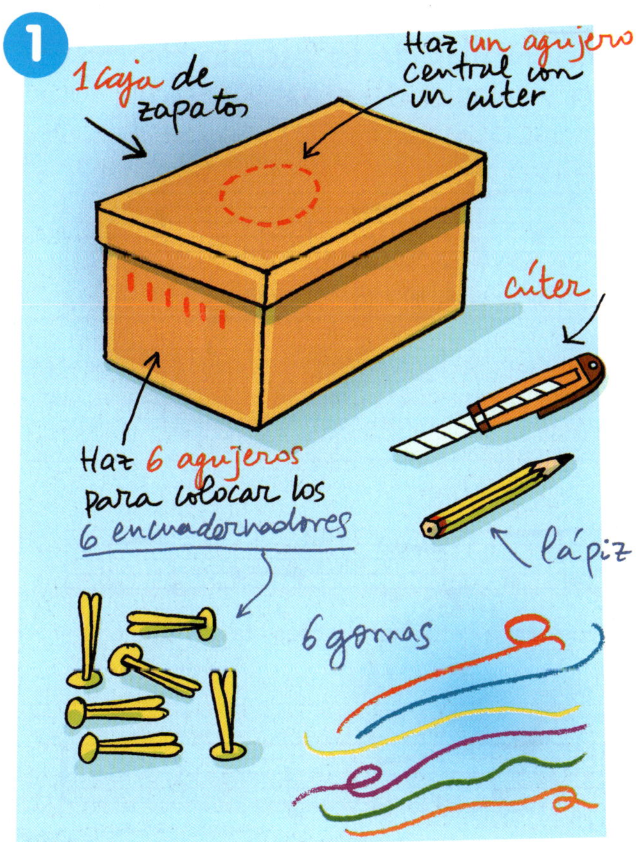

2

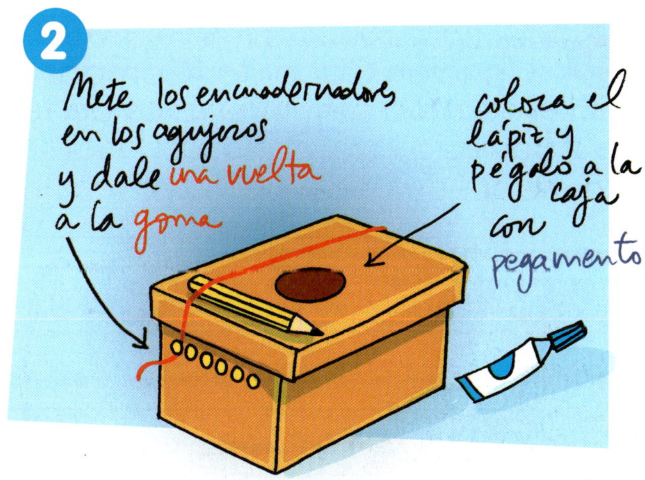

3

Lectura de partituras

1 Escucha estas melodías y solféalas:

I 26 Canción *El Lagarto*. Compás ternario. Notas de la escala de do (de do a mi). Intervalos de tercera.

Francia
Letra: S. Horovitz

I 27 Canción *Caballito*. Compás binario. Notas de la escala de do (de do a sol). Intervalos de tercera y tríada de do.

Popular alemana
Letra: V. H. de Gaínza

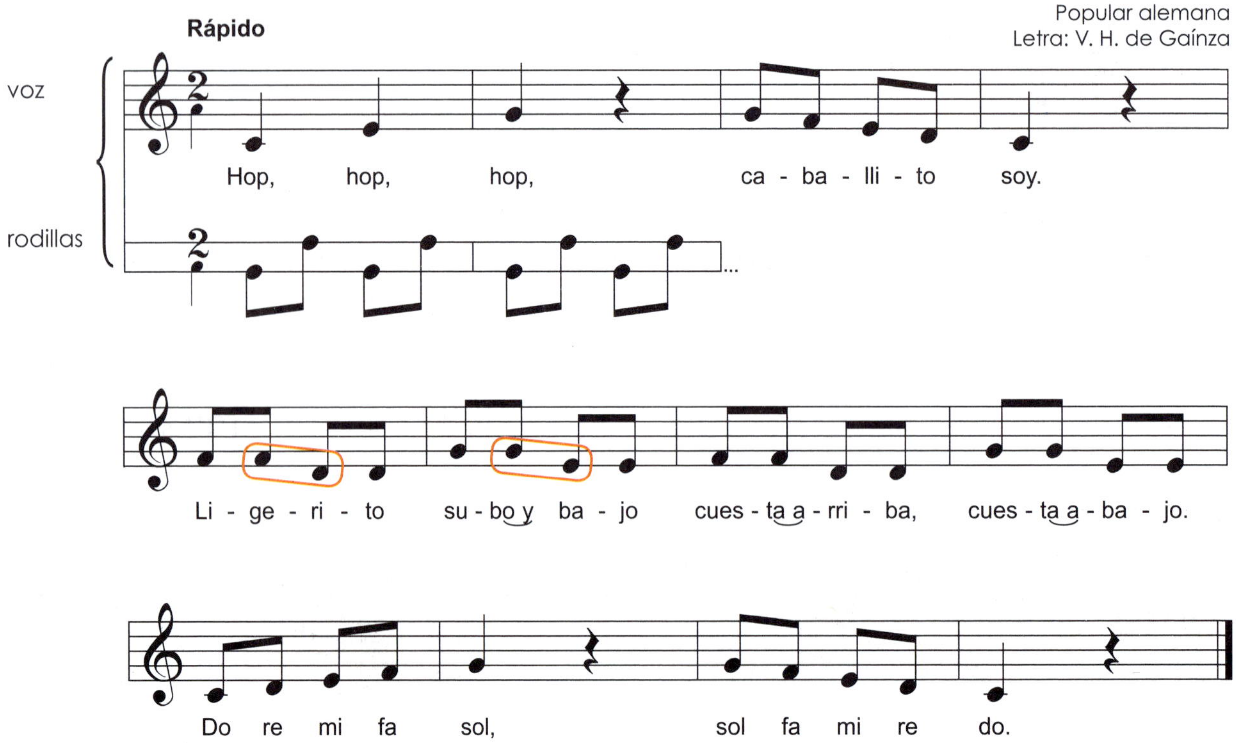

He aprendido

todo pag. 74- +75-76

Signos y símbolos

Intensidad: ***p*** *piano* (suave) ***mf*** *mezzoforte* (medio fuerte) ***f*** *forte* (fuerte)

reguladores

cada vez más fuerte — cada vez más suave

Ritmo

El compás ternario de 3 tiene 3 pulsaciones en cada compás:
La primera es fuerte, y la segunda y la tercera son débiles.

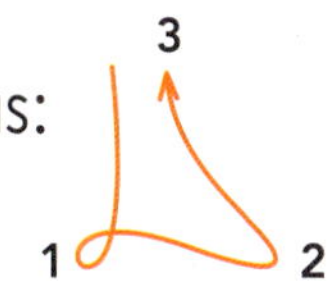

Figuras rítmicas:

blanca con puntillo

Polirritmia: Se forma cuando dos o más ritmos diferentes suenan juntos.

Melodía

Del 1.er al 5.º grado de la escala de do mayor:

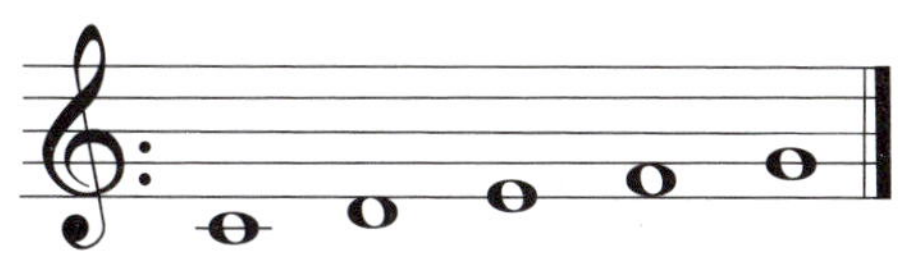

La tríada de do:

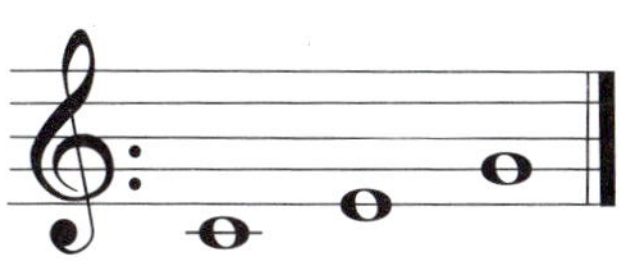

La forman las notas do, mi, sol.

Acorde:

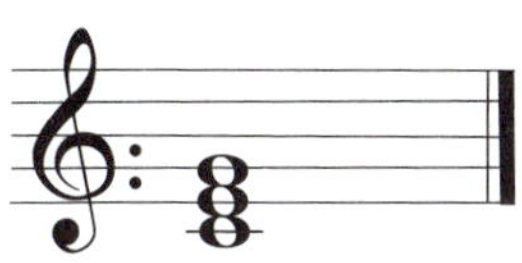

Intervalo de quinta:

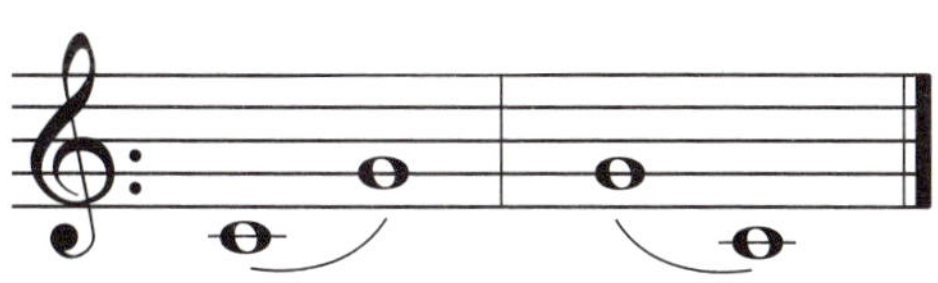

Instrumentos

Instrumentos de cuerda frotada:

violín

viola

violonchelo

contrabajo

Instrumentos de cuerda eléctricos:

guitarra

bajo

5 A ritmo de semicorcheas

1 I 28 y 29 Escucha y después canta la *Canción de bañar la luna:*

1. Ya la luna baja en camisón
a bañarse en un charquito con jabón.
Ya la luna baja en tobogán
revolando su sombrilla de azafrán.
Quien la pesque
con una cañita de bambú
se la lleva a Siu Kiu.

2. Ya la luna viene en palanquín
a robar un crisantemo del jardín.
Ya la luna viene por allí.
Su quimono dice: No, no, y ella sí.
Quien la pesque
con una cañita de bambú
se la lleva a Siu Kiu.

3. Ya la luna baja muy feliz
a empolvarse con azúcar la nariz.
Ya la luna en puntas de pie
en una tacita china toma té.
Quien la pesque
con una cañita de bambú
se la lleva a Siu Kiu.

4. Ya la luna vino y le dio tos
por comer con dos palitos el arroz.
Ya la luna baja desde allá.
Y por el charquito nadará.
Quien la pesque
con una cañita de bambú
se la lleva a Siu Kiu.

María E. Walsh

Las cuatro semicorcheas

2 Recita algunas frases de la *Canción de bañar la luna* y marca con palmas las pulsaciones:

a bañarse en un charquito con jabón,
a empolvarse con azúcar la nariz

3 Por parejas, recitad las frases anteriores: uno marca la pulsación y el otro, el ritmo. ¿Cuántas palmadas dais en cada pulsación?

4 Observa el ritmo que habéis marcado:

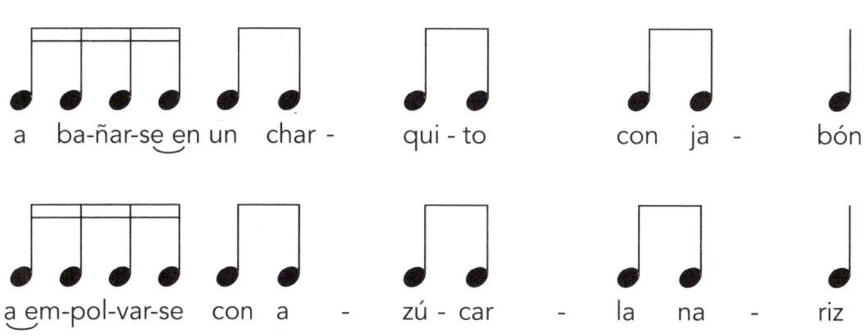

5 Escuchamos: Instrumentos de teclado *(pág. 78)*.

El lenguaje tiene ritmo

Figuras rítmicas: **las cuatro semicorcheas**

En el **compás binario** de 2 caben:

Una blanca

Dos negras

Cuatro corcheas

Ocho semicorcheas

6 Recita el ritmo llevando el compás de 2:

7 Recita y marca con palmas:

8 Recita, marca con palmas y combina:

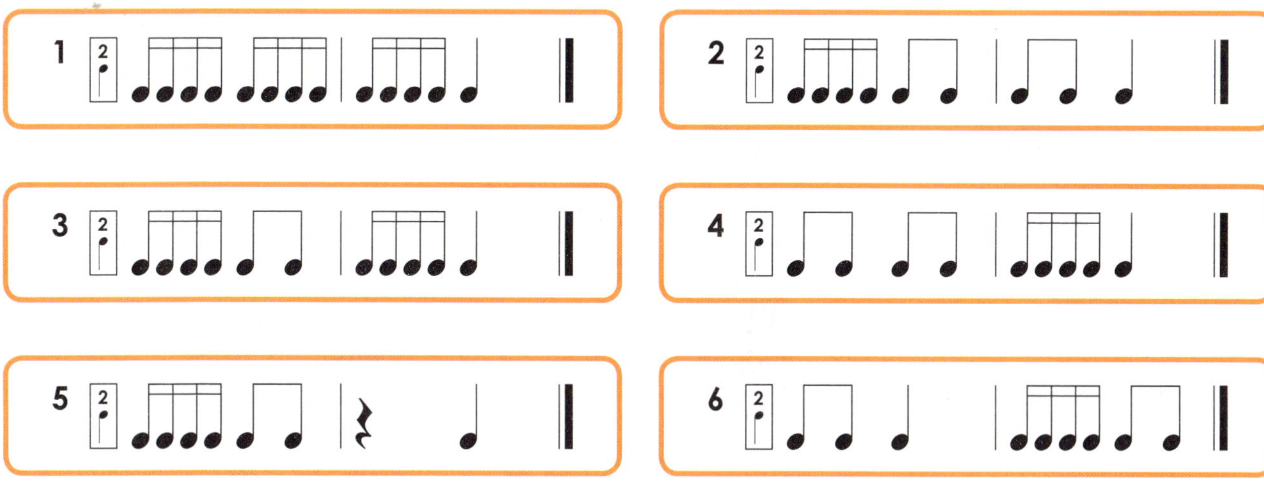

9 Polirritmia: formad dos grupos.

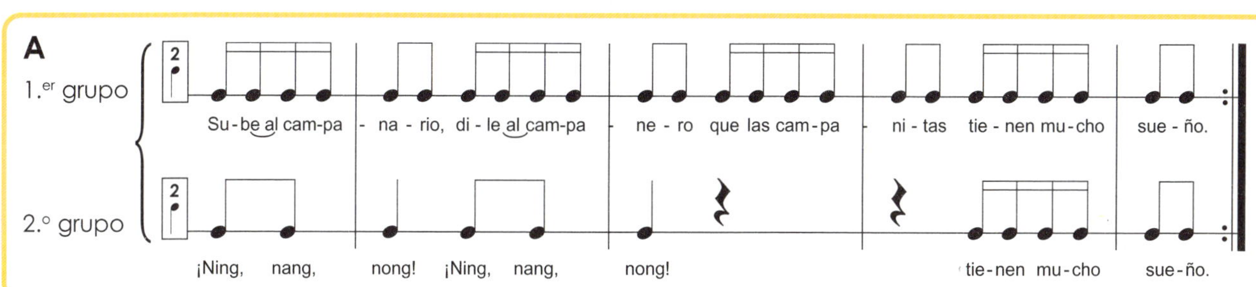

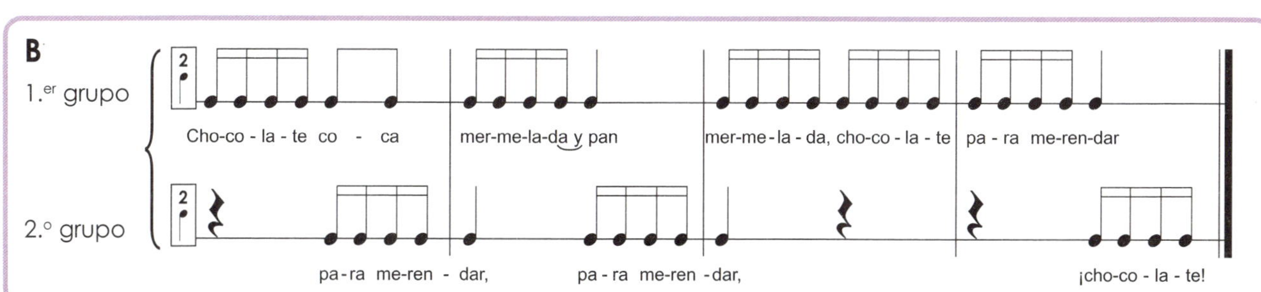

10 Escuchamos: Profesiones musicales: Compositor, director e intérprete *(pág. 80)*.

El canon

11 I 30 y 31 Escucha el canon y observa en la partitura las entrada ① y ②:

Parar el tren si hay una emergencia:
tira del freno, tira del freno.
Multa si lo tiras sin razón: ¡dos mil!

To stop the train in cases of emergency:
Pull down the clain, pull down the clain.
Penalty for improper use: five pounds!

Verena Maschat

12 🎧 I 31

Formad dos grupos y cantad el canon *To stop the train* acompañándolo con los movimientos:

① Pa - rar el tren si hay u - na emergen - cia:…

② Pa - rar el tren si hay…

Unidad 5. Págs. 27-30

6 Juntos cantamos el arpegio

1 I 32 y 33 Escucha el canon *Tengo un grillo* y cántalo con tus compañeros a tres entradas:

Tengo yo en mi casa un pobre grillo.
Me obedece a mí.
Si le ordeno yo que cante,
me responde muy sencillo:
«cri-cri-cri-cri, cri-cri-cri-cri, cri-cri-cri-cri, cri».

Karl Karrow

El arpegio

El **arpegio** de do lo forman las notas **do, mi, sol, do'**.

2 Canta:

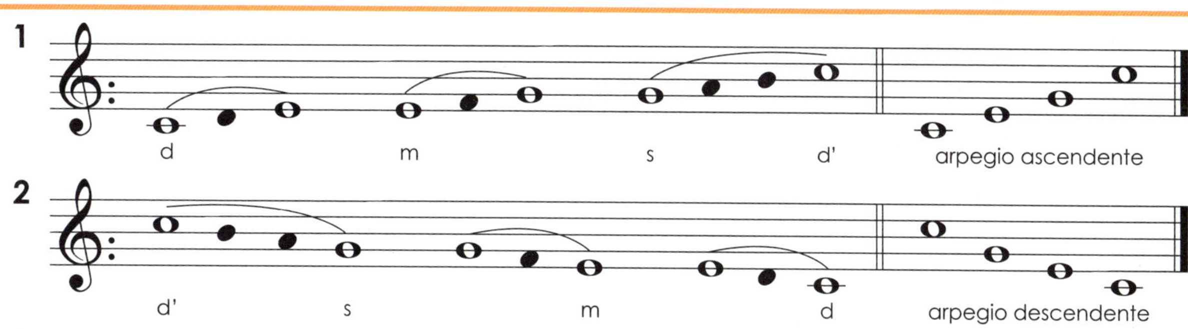

3 Imita, lee, reconoce e inventa con las notas del arpegio de do:

Arpegio ascendente

Arpegio descendente

4 Observa la partitura del canon *Tengo un grillo* de la página 46 y responde:

A ¿Qué notas forman la melodía?

B ¿En qué compás está escrito el canon?

C ¿Cuántas entradas tiene el canon?

5 Solfea la partitura del canon *Tengo un grillo*.

6 II 34 y 35 Canta y haz combinaciones con las notas del arpegio de do.

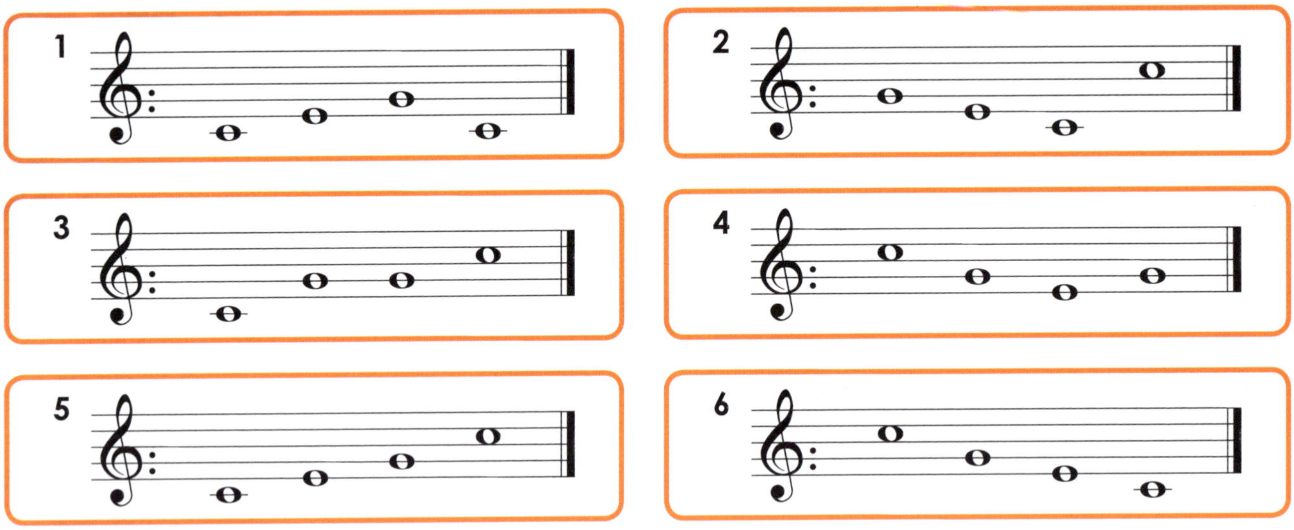

7 Inventa un final para estas melodías con las notas del arpegio de do:

8 Escuchamos: Tradiciones populares *(pág. 82)*.

La frase musical Pregunta y respuesta

9 Leed estas preguntas y respuestas por parejas:

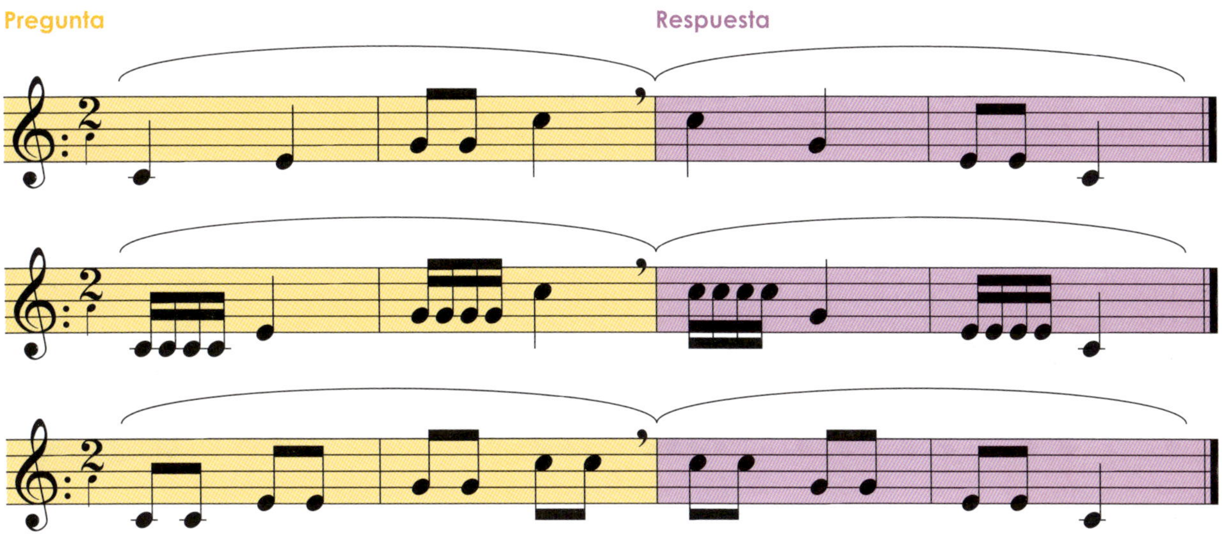

10 Con las notas del arpegio **do, mi, sol, do’** inventad preguntas y respuestas.

11 Inventad entre todos respuestas para esta pregunta:

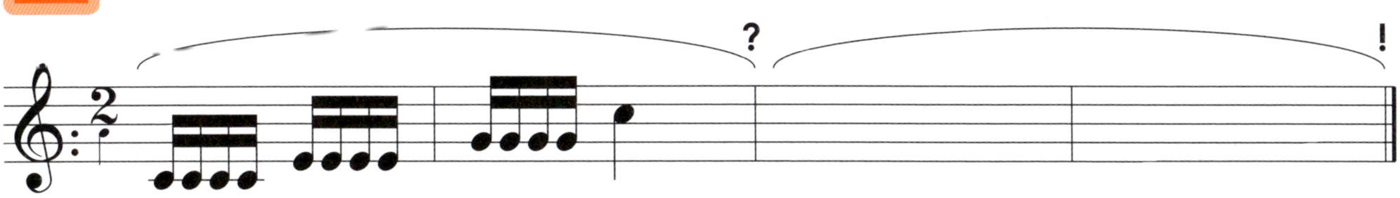

Compás binario y compás ternario

12 Marca con palmas el ritmo y recita el número del tiempo de cada compás:

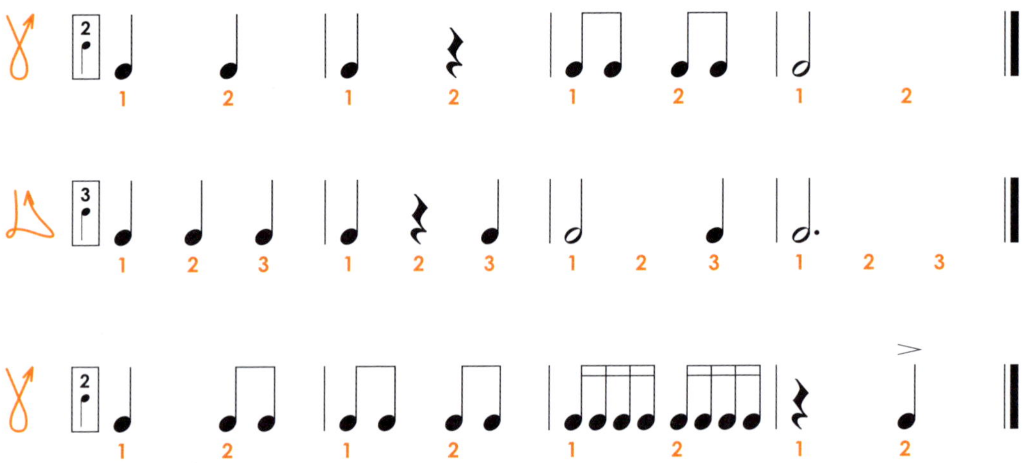

13 Marca con los elementos indicados:

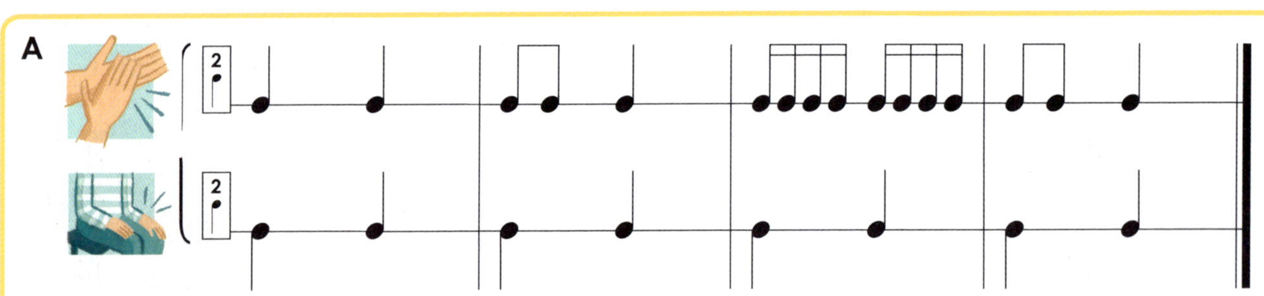

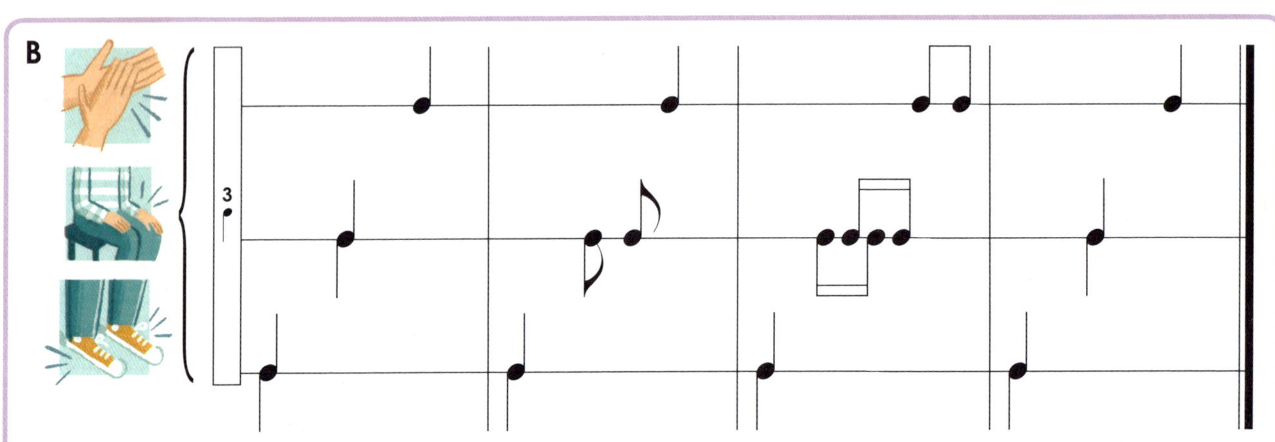

Canon rítmico corporal

14 Palmea este frase rítmica y memorízala:

15 Palmea y camina: D: pie derecho I: pie izquierdo

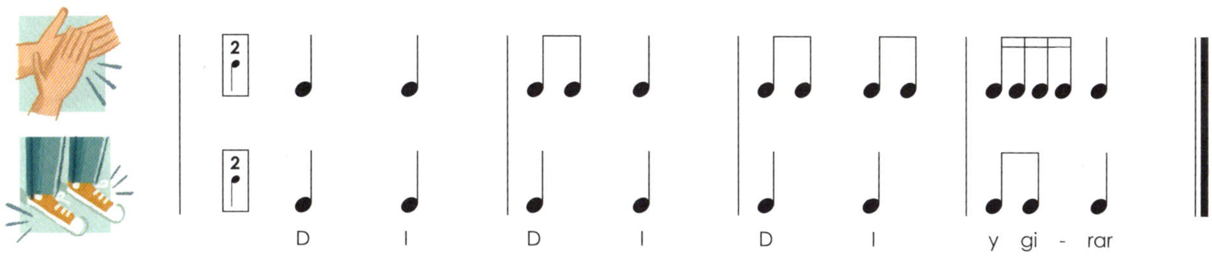

16 Formad cuatro grupos e interpretad el canon en movimiento:

Unidad 6. Págs. 31-34

Vivencias musicales

Una fiesta de cumpleaños

La música está en nuestra vida como un elemento más de la naturaleza, nos acompaña en la mayoría de acontecimientos, fiestas, juegos, deportes... Algunos de estos momentos son alegres pero otros no lo son tanto. Una boda o una película sin música serían como una fiesta de cumpleaños sin pastel. ¿Te lo imaginas?

1 Comenta en clase: ¿Cómo sería para ti una fiesta de cumpleaños sin música?

2 1 Escucha el tema de la canción *Cumpleaños feliz* interpretada por instrumentos de cuerda frotada y piano.

3 Comenta en clase: ¿Te gustaría que esta interpretación sonara en tu fiesta de cumpleaños?¿Por qué?

4 2 - 5

Escucha cuatro variaciones del tema *Cumpleaños feliz:*

A Variación con instrumentos de cuerda a tempo de ragtime.
B Variación con instrumentos de cuerda a tempo de tango.
C Variación con instrumentos de cuerda a tempo de polca-vals.
D Variación con instrumentos de viento metal y voces de Ruffin Kermit.

A Ragtime

B Tango

C Polca / vals

D Ruffin Kermit

5 ¿Cuál de las variaciones que has escuchado te ha gustado más?

6 Vuelve a escuchar las variaciones y responde:

A ¿En qué variación ha sonado un silbato?
B ¿Cuál ha pasado de un compás binario a un ternario?
C ¿En cuál has escuchado voces infantiles?

Lectura de partituras

1 Escucha estas melodías y solféalas:

I 36 Canción *Las campanas.* Compás binario. Inicio anacrúsico. Ritmo: las cuatro semicorcheas.

Popular

I 37 Canción *Xumba, xumba, xumba*. Compás binario. Inicio tético. Las cuatro semicorcheas. Intervalos de tercera.

Popular valenciana

He aprendido

Ritmo

Figuras rítmicas: Las cuatro semicorcheas. 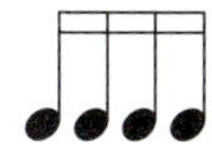

Melodía

El arpegio: 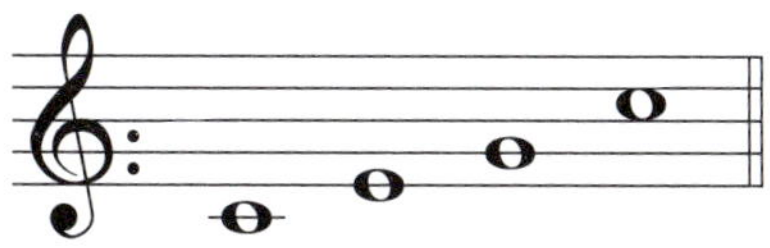 Lo forman las notas do, mi, sol, do'.

Formas y estructuras

El canon: Se canta o toca a dos o más entradas y es necesario hacer dos o más grupos entre los integrantes del conjunto. Todos cantan la misma melodía, pero cada grupo empieza en momentos diferentes.

Profesiones relacionadas con la música

Compositor: Persona que compone obras musicales. Crea música trabajando los sonidos de forma imaginativa y tiene la capacidad de hablar a través de los sonidos.

Intérprete: Músico que toca e interpreta una composición.

Director: Es la persona de referencia en un coro, una orquesta o en cualquier grupo de músicos. Dirige, conduce y representa con el gesto la coordinación de los músicos entre ellos, indicando el tempo, la dinámica y la expresividad.

Instrumentos

Cuerda pulsada

laúd

bandurria

Teclado

piano de cola

piano vertical

clavicémbalo

Escuchamos

Las familias de instrumentos

Con el paso del tiempo y en todo el mundo, las personas han encontrado la manera de obtener unas herramientas, los instrumentos musicales, que van muy bien para hacer música.

Cada instrumento tiene su sonido, como cada persona tiene su voz. Los instrumentos musicales se pueden agrupar en diferentes familias según el material que hacemos vibrar cuando los hacemos sonar.

Los **instrumentos de percusión** son aquellos en los que el material que vibra es el propio instrumento o bien una membrana tensa. Los sonidos se producen cuando picamos, rascamos, sacudimos o golpeamos estos instrumentos con unas baquetas, con pequeños martillos o con las manos.

xilófono

triángulo

claves

pandereta

bombo

bongos

timbales

batería

Los **instrumentos de viento** son aquellos en los que el material que vibra es el aire que contienen o que los atraviesa.

acordeón

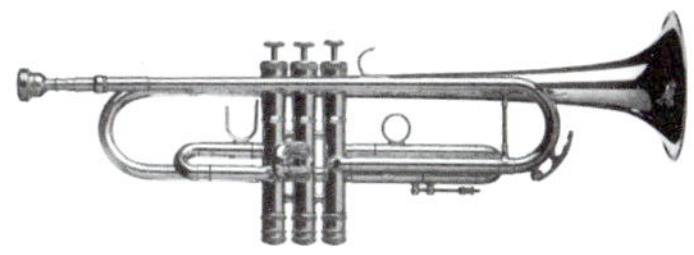
trompeta

gaita

clarinete

órgano

saxófono

flauta de pico

flauta de pan

Los **instrumentos de cuerda** son aquellos que producen sonidos cuando hacemos vibrar sus **cuerdas.**

arpa

violín

guitarra

piano

Un **instrumento eléctrico** es cualquier instrumento de las familias anteriores al que se ha añadido un sistema de amplificación eléctrico.

guitarra eléctrica

bajo eléctrico

violín eléctrico

Los **instrumentos electrónicos** son aquellos en los que el sonido se produce por medio de ondas electrónicas o un sampler y controlados a partir de un *software*.

batería electrónica

sintetizador

caja de ritmos

Los **instrumentos virtuales** son aquellos que están reproducidos virtualmente por un programa informático mediante un ordenador o una tableta táctil.

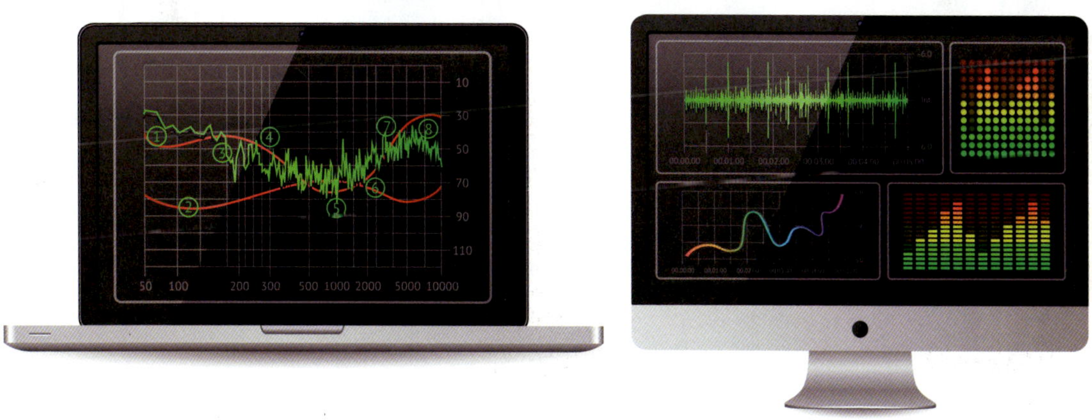

Ludwig van Beethoven (1770-1827)

Las ruinas de Atenas «Marcha turca»

1  6

Escucha la «Marcha turca» de *Las ruinas de Atenas* mientras llevas el compás binario.

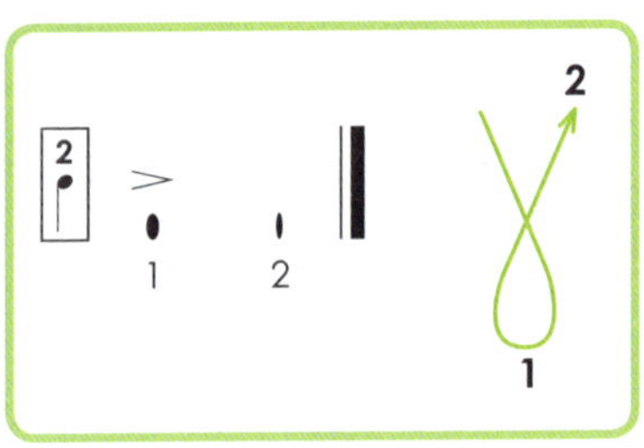

El partenon de Atenas (Grecia)

2 Vuelve a escuchar la «Marcha turca» y acompáñala realizando movimientos corporales y palmeando ritmos:

Haz el gesto de frotar las cuerdas de un violín con un arco.

Mueve los dedos rápidamente, como si tocaras el piano.

Palmea el ritmo.

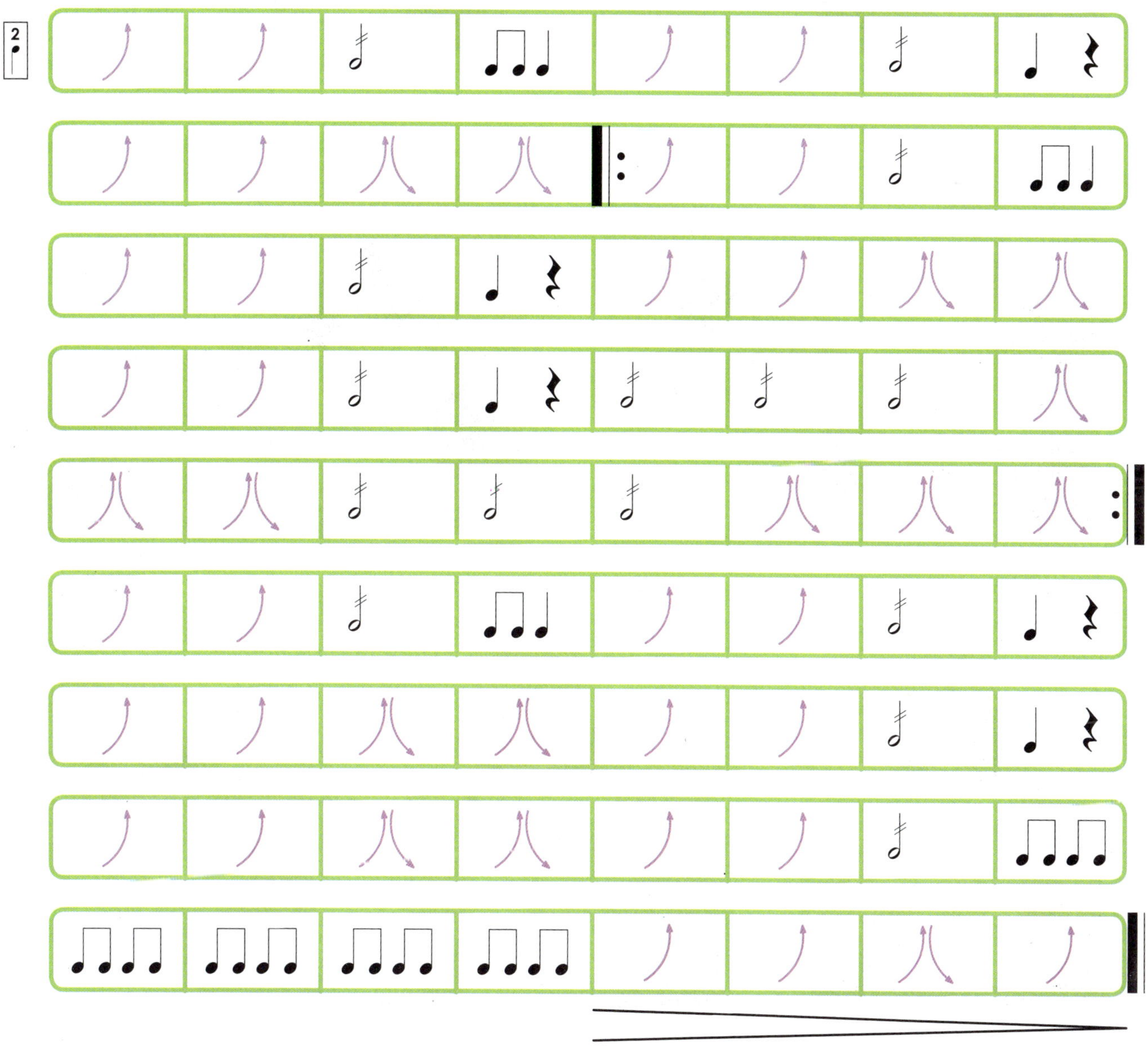

Los instrumentos de cuerda

Entra a

Material de aula: *Póster de insttumentos de cuerda.*

Instrumentos de cuerda pulsada

El arpa y la guitarra

Los instrumentos de **cuerda pulsada** son aquellos en los que las cuerdas se tocan directamente con los **dedos** o con la ayuda de un **plectro**.

1 Fíjate en el **arpa** y observa cómo se toca:

HAY 2 TÉCNICAS PARA PRODUCIR SONIDO:
1. HACIENDO GLISANDOS, PASANDO RÁPIDAMENTE LOS DEDOS SOBRE LAS CUERDAS.
2. PUNTEANDO LAS CUERDAS INDIVIDUALMENTE.

2 Escucha la obra *Impromptu* en re bemol mayor de Gabriel Fauré y levanta la mano cada vez que escuches glisandos.

7

3 Fíjate en la **guitarra** y observa cómo se toca:

4 8 Escucha la *Romanza anónima* mientras sigues el esquema (cada • corresponde a un compás de 3/♩):

Instrumentos de cuerda pulsada del mundo

El **banjo** de Estados Unidos tiene una caja de resonancia redonda y 5 cuerdas; la cuerda más aguda está fijada a una clavija situada en el mástil. Se toca con la ayuda de un plectro.

El **charango** de Bolivia es una guitarra pequeña de 5 cuerdas dobles. Se toca punteando las cuerdas con el dedo índice.

1 9 - 13 Escucha el sonido de diferentes instrumentos de cuerda pulsada del mundo y obsérvalos:

La **balalaica** rusa tiene una caja de resonancia triangular y 3 cuerdas. Se toca punteando las cuerdas con los dedos y también con la ayuda de un plectro. Existen seis tamaños diferentes de balalaica. (PUA)

La **mandolina** italiana tiene una caja de resonancia en forma de pera y 4 cuerdas dobles. Se toca con la ayuda de un plectro. PUA

El **sitar** indio tiene 7 cuerdas principales que pasan por encima de trastes metálicos arqueados y que se tocan con un plectro. PUA También tiene de 12 a 20 cuerdas simpáticas colocadas debajo de los trastes y fijadas a las clavijas del mástil.

Johann Sebastian Bach (1685-1750)

Suite número 2 «Minueto»

1 (14) Escucha el «Minueto» de la *Suite número 2* llevando el compás: 3 (♩) > 1 2 3

El **minueto** es una danza antigua de origen francés compuesta en compás ternario.

2 Vuelve a escuchar el minueto mientras sigues el esquema de la danza (cada • corresponde a un compás de 3 ♩).

	A				**B**				**B**			
Estructura:	**A**	**a**	**A**	**a**	**B**	**b**	**B'**	**b'**	**B**	**b**	**B'**	**b'**

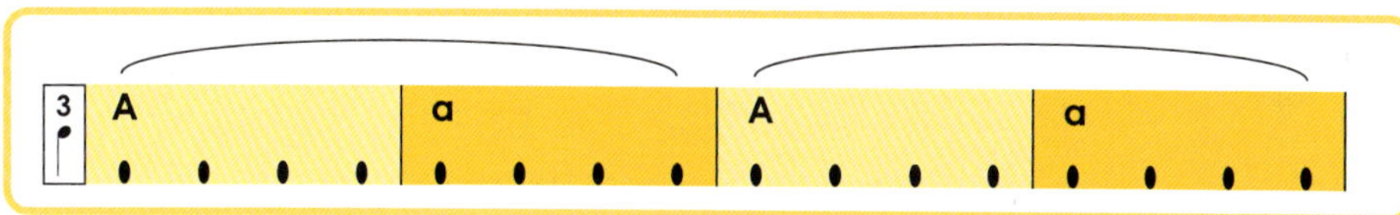

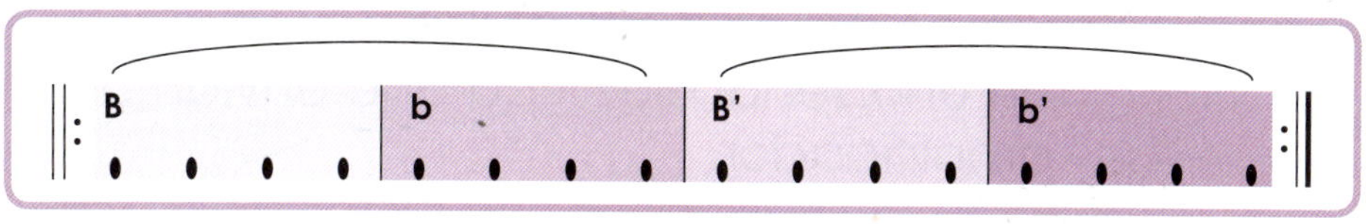

3 Acompaña el minueto realizando los ostinatos:

Instrumentos de cuerda eléctricos

Los instrumentos de **cuerda eléctricos** se caracterizan porque no necesitan una caja de resonancia, ya que tienen un **amplificador** de sonido.

La **guitarra eléctrica** tiene el cuerpo de madera maciza. Los botones magnéticos o «pastillas» engastados en el cuerpo de la guitarra captan la vibración de las cuerdas y la convierten en una señal eléctrica que envían al amplificador.

1 II 1 Observa una guitarra eléctrica y escucha cómo suena.

2 15 Escucha cómo suenan la guitarra **eléctrica** y la guitarra **acústica** en la canción *Carrera de bicicletas*.

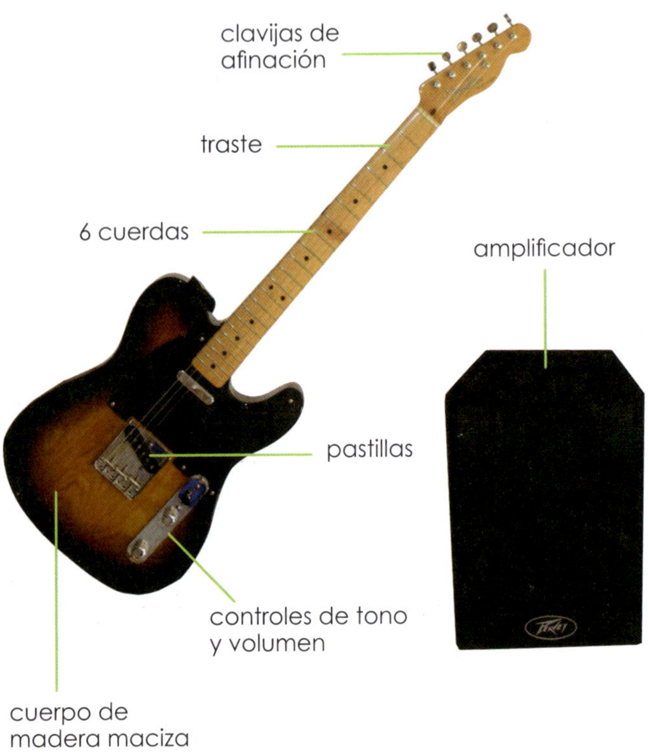

El **bajo eléctrico** tiene cuatro cuerdas más gruesas que las de la guitarra y tiene el mástil más largo. Su sonido depende de la calidad del cuerpo de madera y, sobre todo, de las pastillas adaptadas para captar mejor los sonidos graves.

3 II 2 Observa el bajo eléctrico y escucha cómo suena.

4 16 Escucha el bajo eléctrico y la guitarra eléctrica en *Río Funk*.

Instrumentos de cuerda frotada con arco

Los instrumentos de **cuerda frotada con arco** se caracterizan por el hecho de que las cuerdas se tocan frotándolas con un **arco,** aunque también puede hacerse que suenen pulsándolas.

1 II 3 Escucha el **violín** y observa cómo se toca.

El **arco** está fabricado con pelo de cola de caballo.

2 17 Escucha el dueto para violines *Pizzicato,* de Béla Bartók. Sigue el tema marcando con palmas.

El grupo de instrumentos de cuerda frotada está formado por cuatro instrumentos: el **violín,** la **viola,** el **violonchelo** y el **contrabajo.**

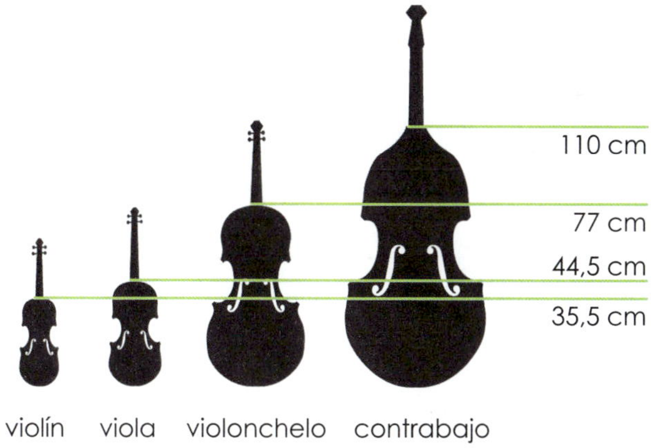

3 II 4 Escucha cómo suenan.

4 18 Escucha el *Tordion,* de Peter Warlock, donde cada • corresponde a un compás de 3/♩, y fíjate en la técnica de frotar las cuerdas en la primera parte y en la técnica de *pizzicato* en la segunda.

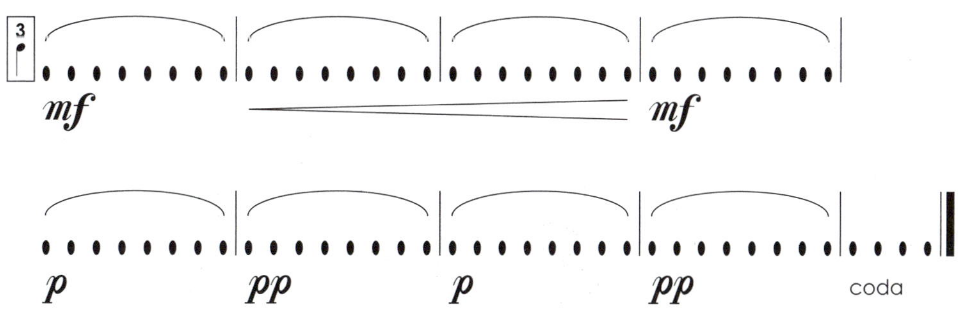

Luigi Boccherini (1743-1805)

El quinteto de cuerda

El **quinteto de cuerda** es un grupo formado por cinco músicos y cinco instrumentos de cuerda frotada con arco. Una de las combinaciones más comunes está formada por: dos violines, dos violas y un violonchelo.

1 ¿Recuerdas qué es un minueto?

2 19 Escucha el «Minueto» del *Quinteto para cuerda op. 13,* de Luigi Boccherini mientras llevas el compás ternario:

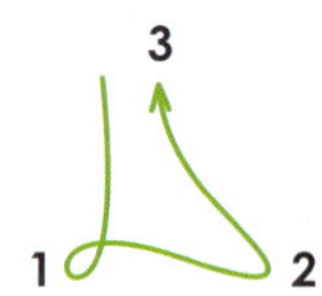

3 Vuelve a escuchar el «Minueto» y sigue los diferentes temas:

A

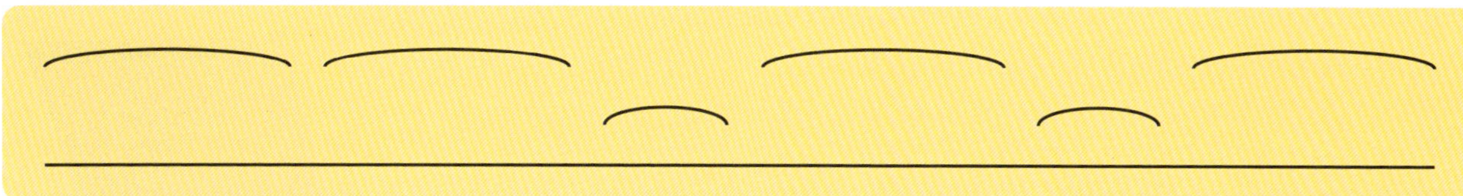

B

A

Instrumentos de teclado

El **clavicémbalo** es un instrumento de cuerda pulsada mecánicamente. Es más antiguo que el piano. Puede tener uno, dos o incluso tres teclados.

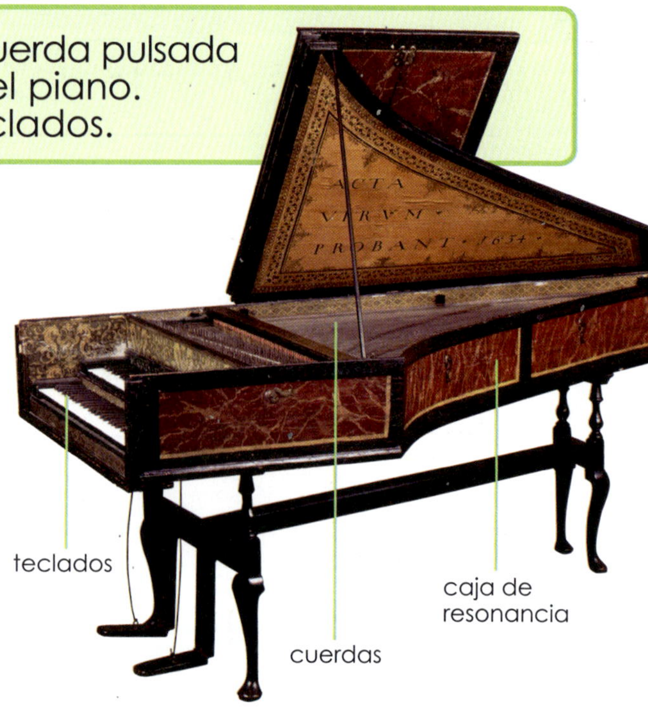

1 II 5 Observa el clavicémbalo y escucha cómo suena:

AL TOCAR UNA TECLA, UN PLECTRO PULSA LA CUERDA.

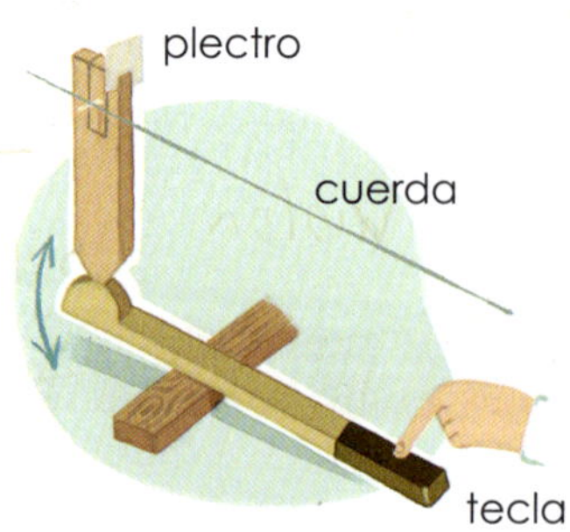

2 20 Escucha un fragmento del *Concierto para clavicémbalo*, de Manuel de Falla. Sigue el ritmo que interpretan los instrumentos de cuerda mientras el clavicémbalo teclea al ritmo de .

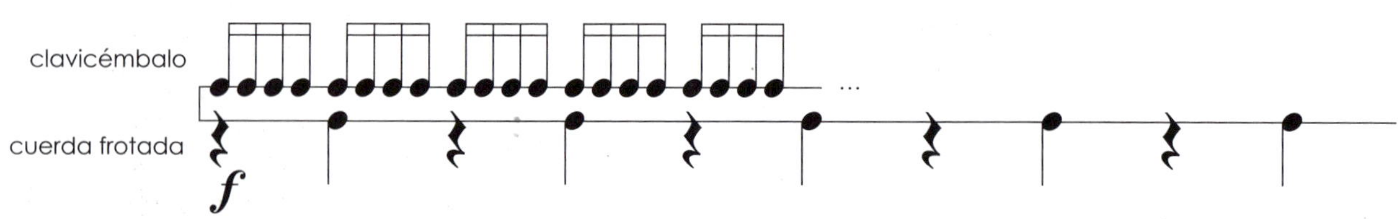

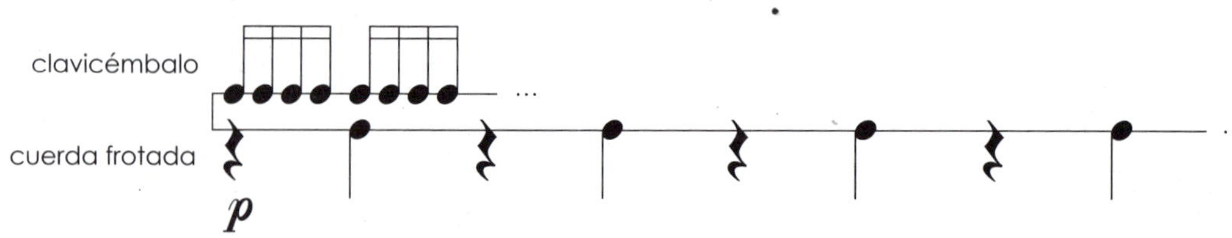

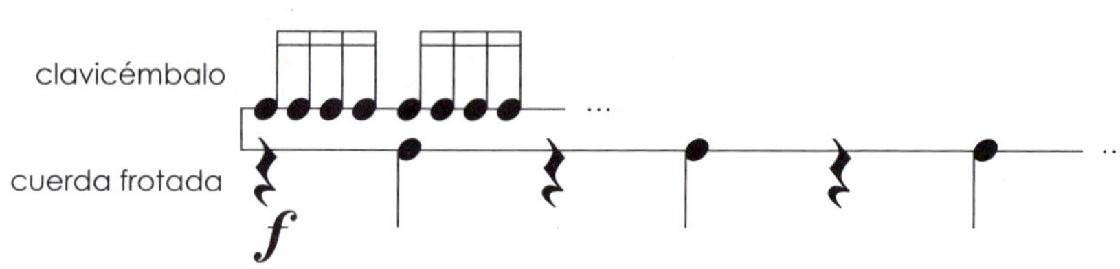

El **piano** es un instrumento de cuerda percutida mecánicamente.

3 21 Observa las partes del piano y escucha cómo suena:

AL TOCAR UNA TECLA, UN MACILLO PERCUTE LA CUERDA.

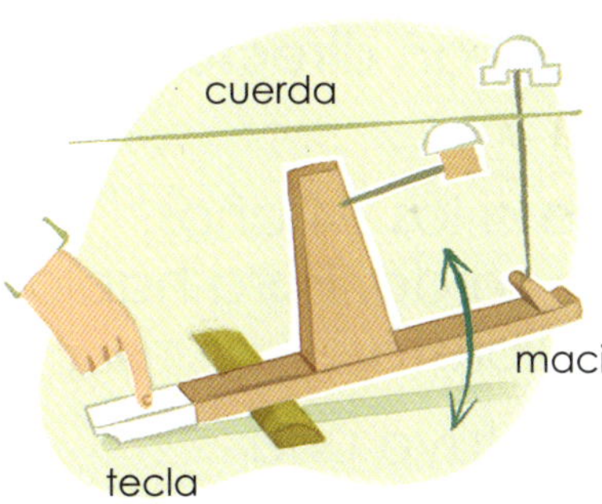

Hay dos tipos de piano, aunque todos tienen un teclado de unas 88 teclas: el piano **vertical** o de pared y el piano **de cola.**

Profesiones musicales

Compositor, director e intérprete

Ludwig van Beethoven (1770-1827) fue un **compositor** alemán. Una de sus composiciones más famosas es el «Cuarto movimiento» de la *Novena Sinfonía*, también conocido como *Himno a la Alegría.*

Su padre, también músico, le enseñó a tocar el piano y a los nueve años comenzó a tomar lecciones con un profesor. También aprendió a tocar el violín. Fue un gran **intérprete** al teclado y tenía fama de excelente improvisador. También fue un gran **director** de orquesta.

Beethoven comenzó a perder oído a los 24 años. Si bien fue gradual, terminó sus días completamente sordo. Para hablar con él, sus amigos escribían la conversación en una libreta.

Ludwig Spohr, compositor y violinista alemán que mantuvo una relación amistosa con Beethoven después de presenciar el estreno de la *Séptima Sinfonía* en el año 1814, dirigida por el mismo Beethoven, escribió sobre su forma de dirigir:

«Beethoven se había acostumbrado a indicar la expresión para la orquesta por medio de todo tipo de movimientos corporales, incluso de lo más singulares. Siempre que ocurría un *sforzando,* él extendía de par en par los brazos —que antes había cruzado sobre el pecho— con gran vehemencia. En los pasajes *piano,* él se iba agachando cada vez más, según el grado de suavidad que deseaba. Si entonces empezaba un *crescendo,* él volvía a subir gradualmente y, en la llegada del *forte,* saltaba en el aire. A veces, también, inconscientemente, gritaba para dar énfasis al *forte* ...»

1 22 Escucha la *Contradanza número 8*, de Ludwig van Beethoven. Fíjate que en la parte **A** suenan ♫ y en la **B** ♬

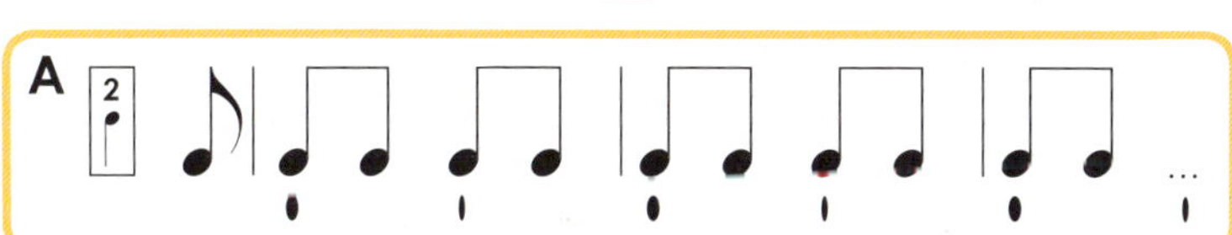

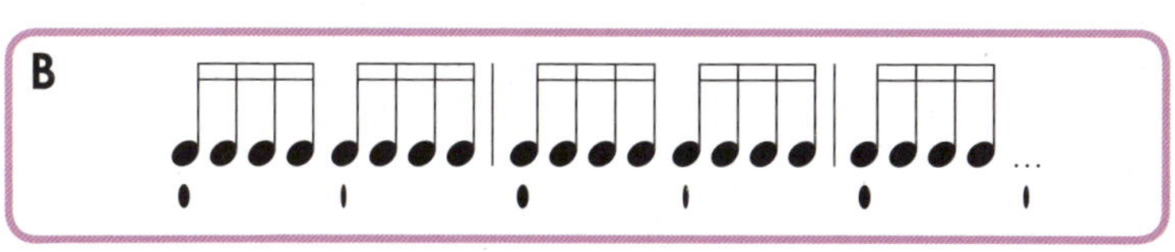

Tradiciones populares

Instrumentos tradicionales de cuerda pulsada

El **laúd** es un instrumento de cuerda pulsada formado por una caja de resonancia que tiene forma de media pera, un mástil dividido por trastes y un clavijero que puede, o no, estar doblado hacia atrás.

Tiene cinco cuerdas dobles y una cuerda simple, que es más aguda y se llama *prima*. Se toca con un plectro o con la yema de los dedos.

La **bandurria** es un instrumento de cuerda pulsada típico español y de carácter popular que pertenece a la familia de los laúdes. Su caja de resonancia es semejante a la del laúd pero más chata, como la guitarra. Se toca con púa de concha o de cuerno, aunque en la actualidad se utilizan púas de PVC. A esta púa se le llama plectro. Tiene doce cuerdas (seis cuerdas dobles): seis de tripa y seis entorchadas, aunque las bandurrias modernas suelen montar los dos primeros pares metálicos y los cuatro últimos pares entorchados. Su uso es imprescindible en las rondallas y también es frecuente en las tunas.

1 II 6 y 7 Escucha cómo suenan el laúd y la bandurria.

La tuna

La tuna, también llamada estudiantina, es una agrupación instrumental formada básicamente por guitarras, bandurrias, laúdes y panderetas.

La tuna es una institución ligada a la Universidad. Sus componentes son estudiantes universitarios que, ataviados con una combinación de vestimentas antiguas, interpretan temas musicales del folclore español.

2 23 Escucha la tuna interpretando *La mazurca*. La mazurca es una danza tradicional que se baila por parejas formando figuras y diseños diferentes, compuesta en compás de 3/♩ moderado, con pulsos fuertemente acentuados.

3 Vuelve a escuchar *La mazurca* y acompaña la audición con:

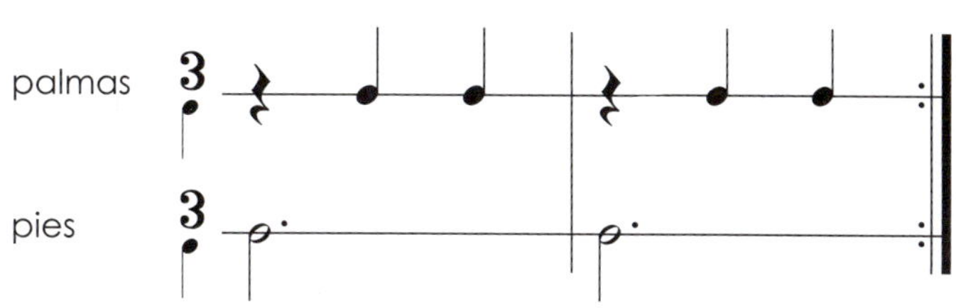

La rondalla

La **rondalla** es una agrupación instrumental formada generalmente por instrumentos de cuerda punteada y pulsada, como bandurrias, guitarras y laúdes. A veces incluye el acordeón e instrumentos de percusión como panderetas, triángulos, cántaros o rascadores, que aportan un efecto rítmico importante en las interpretaciones.

La rondalla acompaña las canciones y danzas, especialmente la jota de Aragón y de otras comunidades españolas, como Navarra o Murcia. Suelen tocar piezas de carácter popular, aunque últimamente interpretan numerosas obras de carácter clásico.

En Aragón, como en otros lugares, existe una interesante tradición de rondallas de concierto, con elaborados y variados repertorios. Estos conjuntos tienden hoy a preferir el nombre de orquestas laudísticas.

4 24 Escucha la rondalla interpretando *La masurca de l'agredolç* (mazurca del agridulce) interpretada por el grupo valenciano Al Tall. Fíjate en el efecto sonoro de **trémolo,** característico de la bandurria.

5 ¿En qué compás está escrita la canción? ¿Qué instrumentos has escuchado?

Danzas de San Jaime

La **jota** es una danza que se baila en parejas mientras se tocan las castañuelas. Tiene un carácter vivo y el ritmo es ternario. Se bailan jotas en distintos lugares de España: Navarra, Aragón, la Comunidad Valenciana, las Islas Baleares, Murcia, Castilla y León, Castilla-La Mancha, y en algunas partes de Cataluña.

6 25 Escucha la *Jota de Valencia* de las danzas de San Jaime.

7 Vuelve a escuchar la *Jota de Valencia* y señala los instrumentos que identifiques mientras suena la música.

8 Acompaña la *Jota* combinando estos dos ostinatos:

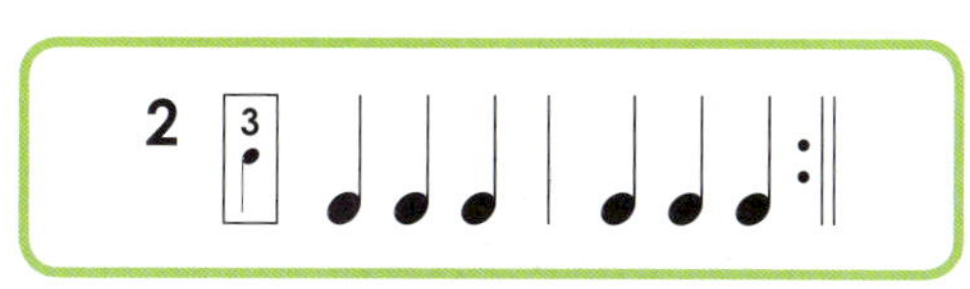

Cantamos tocamos y bailamos

26 Do-re-mi

1 Escucha la canción cantada en inglés:

Let's start at the very beginning.
a very good place to start.
When you read you begin with A-B-C
when you sing you begin with do-re-mi

Do-re-mi, Do-re-mi,
The first three notes just happen to be
Do-re-mi, do-re-mi.
Do-re-mi-fa-so-la-ti.

Oh, let's see if I can make it easier.

Doe, a deer, a female deer.
Ray, a drop of golden sun.
Me, a name I call myself.
Far, a long long way to run.
Sew, a needle pulling thread.
La, a note to follow sew.
Tea, I drink with jam and bread.
That will bring us back to do!
Oh!, oh! Oh!
Do, re, mi, fa, sol, la, ti, do!

Esta canción forma parte de la banda sonora de la película *Sonrisas y lágrimas (The Sound of Music)*.

2 Escucha y después canta esta adaptación de la canción:

27

María: Lo haremos desde el principio.
Así es como hay que empezar
Al leer comenzáis por
Gretel: ¡A-B-C!
María: Al cantar empezad por DO-RE-MI
Niños: ¿DO-RE-MI?
María: DO-RE-MI
Las tres primeras notas son: DO-RE-MI
Niños: ¡DO-RE-MI!

María: DO RE MI FA SOL LA SI...
DON, es trato de varón.
RES, selvático animal.
MI, denota posesión.
FAR, es lejos en inglés.
SOL, ardiente esfera es.
LA, al nombre es anterior.
SI, asentimiento es.
Y de nuevo viene el DO.
DO-RE-MI-FA-SO-LA-SI-DO.

R. Rodgers

Encontraréis la base instrumental en II 8

28

Aserrín, aserrán...

1 Escucha, aprende y canta la canción:

Aserrín, aserrán,
los maderos de san Juan
piden pan, no les dan,
piden queso, les dan hueso
y les cortan el pescuezo.

Aserrín, aserrán, ...
piden nata, les dan pata
y les cortan la corbata.

Aserrín, aserrán,...
piden pato, les dan gato
y les cortan los zapatos.

Aserrín, aserrán,...
piden arañas, les dan cañas
y les cortan los pestañas.

Aserrín, aserrán, ...
piden vino y si les dan
se marean y se van.

Popular

Encontraréis la base instrumental en II 9

Ostinato: Secuencia o patrón rítmico —o melódico— que se repite constantemente (obstinadamente, de allí viene el nombre) sin cambiar su diseño a lo largo de una composición.

2 Formad cuatro grupos. Cada uno memoriza un ostinato y después interpretadlos juntos mientras cantáis la canción:

Juguetes

29

1 Escucha la canción y después cántala:

Vuelvo a recordar
que cada Navidad
escribimos a los Reyes
con gran ilusión.
Pasa un año más
y nos asusta pensar
¡que en vez de juguetes nos trajeran carbón!

A mí una muñeca,
yo quiero un camión.
A mí una cocina con agua y jabón.
Un libro de cuentos, discos y casets.
Todos nuestros sueños que esperamos tener.

Juguetes, ¡solo sueño con juguetes!
Un mundo en miniatura
donde pueda disfrutar.
Un lugar feliz solo para mí
donde los mayores no puedan entrar.
Un lugar feliz solo para mí
donde los mayores no puedan entrar.

Juguetes, ¡me gusta regalar juguetes!
Quizás te costará creer
que Santa Claus nos enseñó
que no hay nada igual, solo un ideal:
dar sin preocuparte, dar es lo mejor.

Juguetes, solo sueño con juguetes.
Juguetes, me gusta regalar juguetes.
Juguetes, solo sueño con juguetes.
Juguetes, me gusta regalar juguetes.

2 Comenta con tus compañeros:

A La frase de la canción «dar sin preocuparte, dar es lo mejor».
B ¿Qué son los discos y casets?
C ¿Escribes la carta a los Reyes?
D ¿Santa Claus pasa por tu casa?
E ¿Qué regalos pides estas Navidades?

Letra: Albert Rubio
Música: Pep Lladó

Encontraréis la base instrumental en 10

30

Campana sobre campana

1 Cantad y tocad con instrumentos:

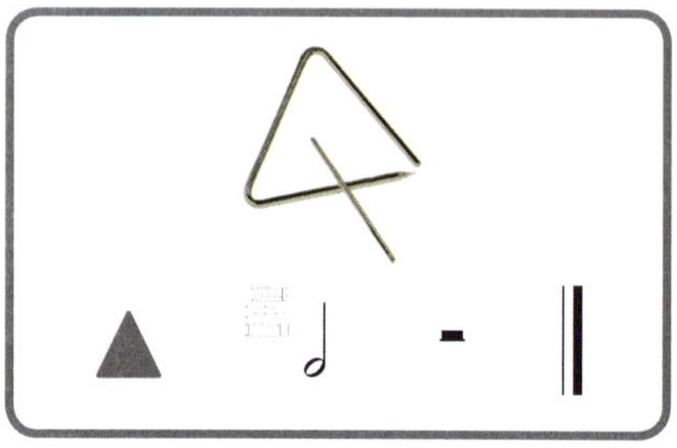

Popular andaluza

Encontraréis la base instrumental en II 11

Campana sobre cam**pa**na, y sobre campana **u**na,
asómate a la ven**ta**na, **ve**rás al Niño en la **cu**na.

Be**lén,** campanas de Be**lén,**
que los ángeles **to**can ¿qué nuevas me tra**éis**?

Recogido **tu** rebaño, ¿**a** dónde vas **pas**torcillo?
Voy a llevar **al** portal **re**quesón, man**te**ca y vino.

Be**lén,** campanas de Be**lén,**
que los ángeles **to**can ¿qué nuevas me tra**éis?**

31

El vampiro negro

1 Escucha y después canta:

Escubidú, bidú, bidú, bidú, bidú. (bis)
Soy el vampiro negro, que nunca tuvo padres.
Nací en incubadora y solito me crie.
Escubidú, bidú, bidú, bidú, bidú. (bis)

Soy el vampiro negro, que nunca tuvo novia
y cuando tuve una ¡la sangre le chupé!
Escubidú, bidú, bidú, bidú, bidú. (bis)

Soy el vampiro negro, que nunca tuvo coche
y cuando tuve uno ¡las ruedas le pinché!
Escubidú, bidú, bidú, bidú, bidú. (bis)

Soy el vampiro negro, que nunca fue a la escuela
y cuando fui a una ¡a todos asusté!
Escubidú, bidú, bidú, bidú, bidú. (bis)

Soy el vampiro negro, que nunca tuvo casa
y cuando tuve una ¡de un portazo la tumbé!
Escubidú, bidú, bidú, bidú, bidú. (bis)

Si quieres visitarme te doy mi dirección:
«Cementerio 13, tumba 22».
Escubidú, bidú, bidú, bidú, bidú. (bis)

Luis Pescetti

Encontraréis la base instrumental en II 12

Rap de las tablas

32

Rap, rap, rap, para multiplicar,
para contar deprisa y la solución hallar.
Rap, rap, rap, para multiplicar,
aprende bien las tablas, las de multiplicar.

Dos mil años hará que un griego se inventó
la tabla que con ella, los dedos ya no usó.
Pitágoras su nombre, las mates dominó,
decían que era un sabio y los dedos ya no usó.
Rap, rap, rap, para multiplicar…

Si un número lo sumas y lo sumas con tesón,
aplícate a la cuenta y a la buena deducción.
Si no quieres sumar y saber la solución,
la operación mejor: la multiplicación.
Rap, rap, rap, para multiplicar…

Calcules por delante, calcules por detrás,
no te preocupes, tronco, el producto que dará.
Calcules por delante, calcules por detrás,
el orden de factores nada podrá alterar.
Rap, rap, rap, para multiplicar…

R. M. Montserrat y R. Jiménez

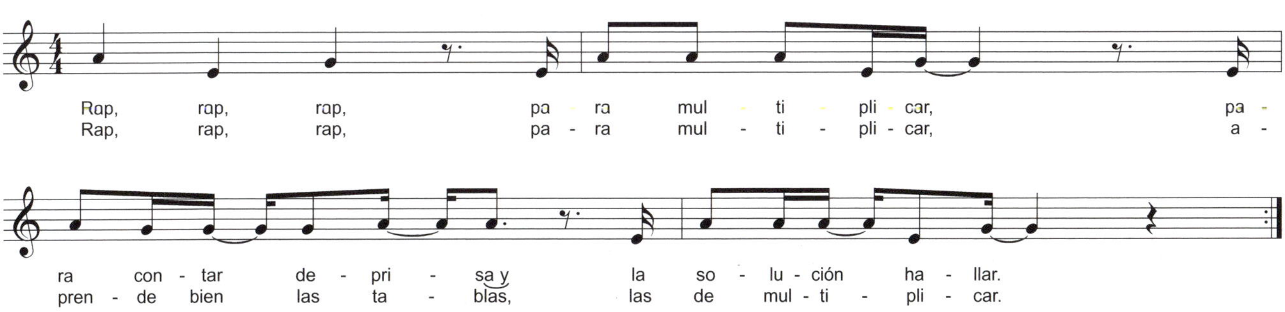

Encontraréis la base instrumental en II 13

33

Vals mexicano

Posición inicial: Por parejas y dispuestos de forma libre por el espacio; los chicos con las manos detrás y las chicas con las manos en la cintura.

Puntos de danza: Paso de vals, balanceo y giro sobre sí mismo.

El tema B, en su última aparición, presenta una ligera variante en los cinco últimos compases.

Movimiento: El vals está estructurado en dos temas: A y B.

Intro.	A_1	B	A_2	B
	A_3	B	A_4	B

A_1

Uno frente a otro, realizar el balanceo y dar palmas con las manos.

A_2

Cogidos de las manos derechas, la chica gira sobre sí misma.

A_3

El chico se pone detrás de la chica y la toma por la cintura mientras realizan el balanceo.

A_4

Igual que el A_2

B Cogidos en posición de vals, ir dando vueltas por el espacio.

34

El aprendiz de violín

1 Canta la canción *El aprendiz de violín:*

Vive enfrente de mi casa,
un aprendiz de violín, tivirivirín,
y sin duda se ha propuesto
no dejarme dormir, tivirivirín.

Por la mañana solfeo
y por la tarde violín, tivirivirín,
y todo el día se lleva
sol, la, sol, fa, mi, re, do, tivirivirín.

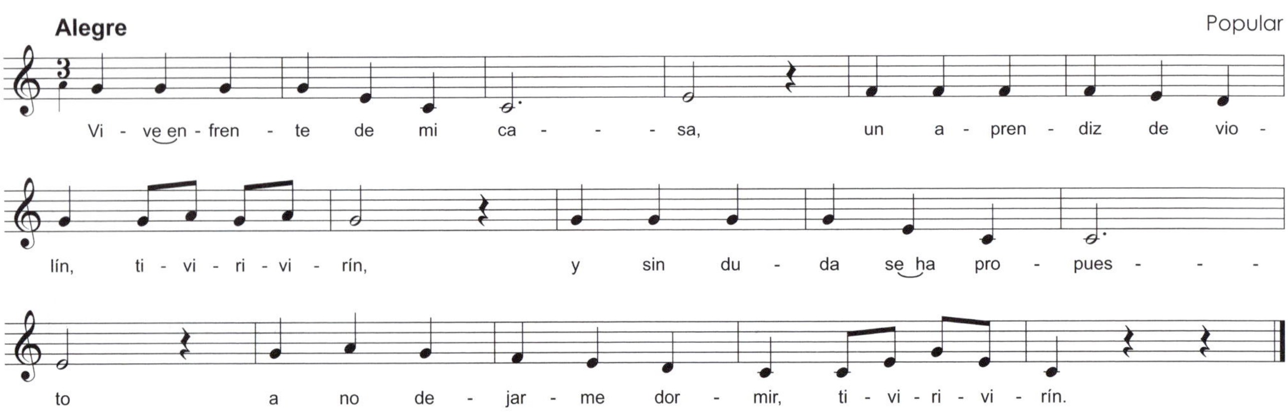

Encontraréis la base instrumental en II 14

2 Poneos en grupos e interpretad lo siguiente:

A Con xilófonos y triángulos, la primera y la tercera frase de cada estrofa.

B Con panderos y cajas chinas, la segunda y la cuarta frase de cada estrofa.

35

Eram sam sam

1 Escucha y después canta:

Eram sam sam,
eram sam sa,
culi culi culi culi culi
eram sam sa.

Eram sam sam,
eram sam sa,
culi culi culi culi culi
eram sam sa.

Arabit, arabit,
culi culi culi culi culi
eram sam sa.

Arabit, arabit,
culi culi culi culi culi
eram sam sa.

Popular en Dakar

Encontraréis la base instrumental en II 15

2 Colocados en círculo, cantad haciendo estos movimientos:

Eram sam sam, eram sam sa,

¡culi culi culi culi culi eram sam sa!

Arabit, arabit,

¡culi culi culi culi culi eram sam sa!

3 Comentad en clase:

- **A** ¿Hay cambios de tempo en la canción?
- **B** En caso afirmativo, ¿cuántos tempos diferentes has escuchado?
- **C** ¿Los cambios son de lento a rápido?
- **D** ¿Has escuchado el final de la canción en canon? ¿A cuántas entradas se ha cantado?

36

La canción de las bananas

Con *swing*

Christian Bruhn
Adapt.: Rosa M. Montserrat

Encontraréis la base instrumental en II 16

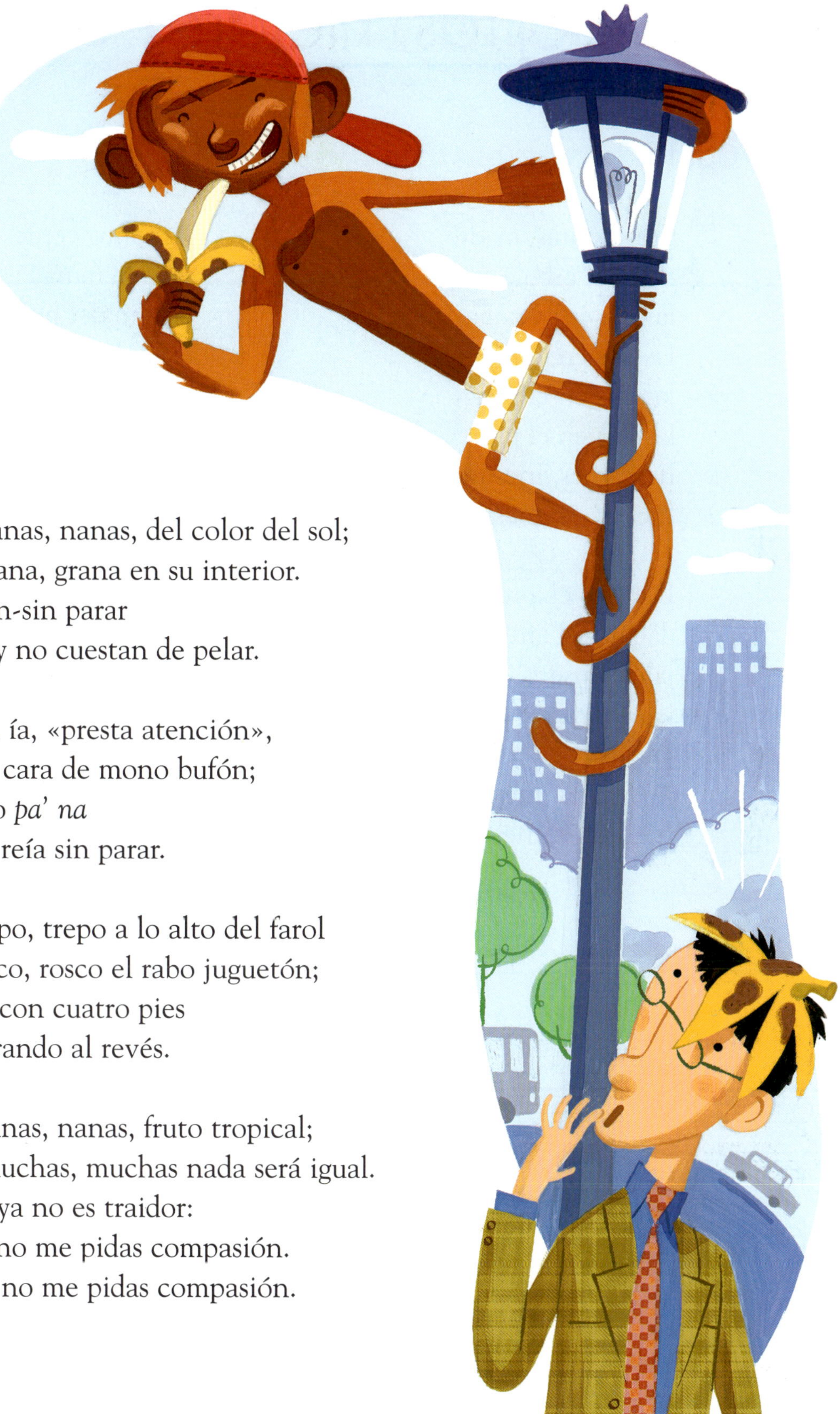

Son las bananas, nanas, nanas, del color del sol;
no tienen grana, grana, grana en su interior.
Yo las tragaba-ba sin-sin parar
porque son tiernas y no cuestan de pelar.

Si alguien decía, ía, ía, «presta atención»,
yo hacía cara, cara, cara de mono bufón;
y sin hacerle-le caso *pa' na*
yo más comía y me reía sin parar.

Ahora yo trepo, trepo, trepo a lo alto del farol
y en él enrosco, rosco, rosco el rabo juguetón;
comiendo plátanos con cuatro pies
las peladuras voy tirando al revés.

Son las bananas, nanas, nanas, fruto tropical;
si comes muchas, muchas, muchas nada será igual.
Aquel que avisa-sa ya no es traidor:
si te vuelves mono no me pidas compasión.
Si te vuelves mono no me pidas compasión.

Tres hojitas, madre

37

1 Canta:

Tres hojitas, madre,
tiene el arbolé,
la una en la rama,
las dos en el pie,
las dos en el pie,
las dos en el pie.
Inés, Inés, Inesita, Inés.
Inés, Inés, Inesita, Inés.

Dábales el aire meneábanse,
dábales el aire,
jaleábanse,
jaleábanse,
jaleábanse.
Inés, Inés, Inesita, Inés.
Inés, Inés, Inesita, Inés.

Arbolito verde
secó la rama,
debajo del puente
retumba el agua,
retumba el agua,
retumba el agua,
Inés, Inés, Inesita, Inés.

Popular asturiana

Encontraréis la base instrumental en II 17

2 Cantad y tocad con instrumentos:

A

Popular asturiana

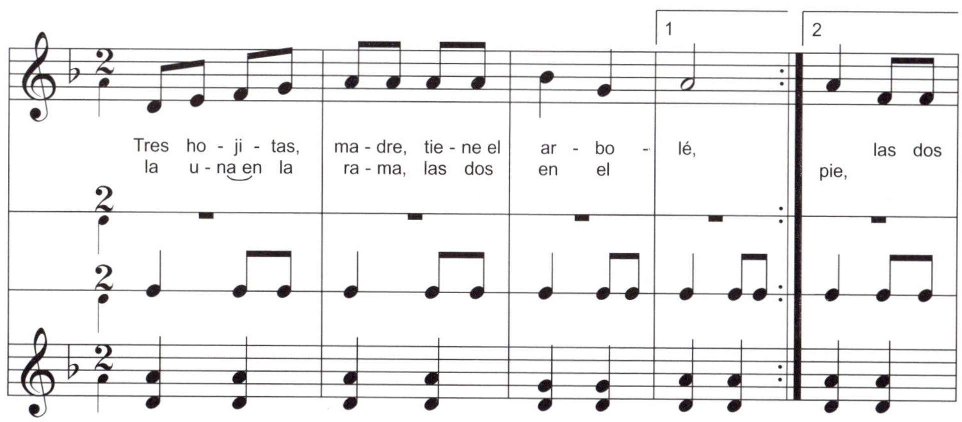

B

C

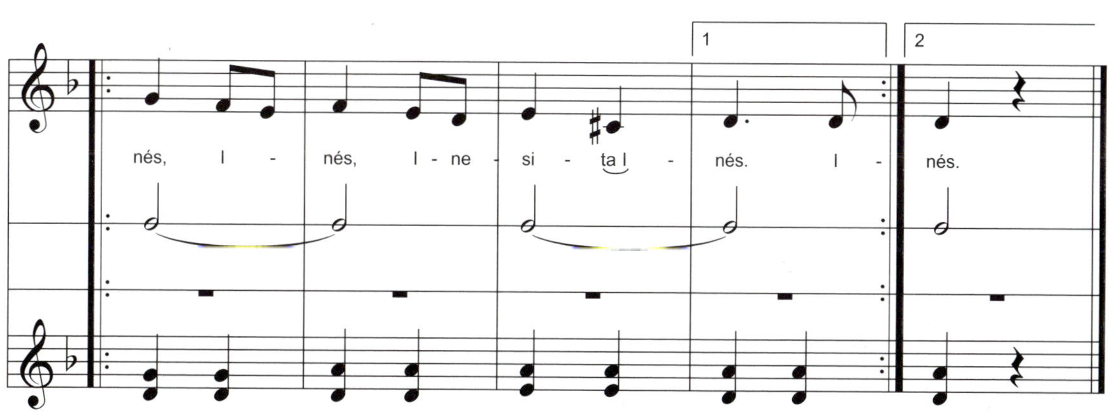

38

Busca lo más vital

Busca lo más vital, no más,
lo que es necesidad, no más,
y olvídate de la preocupación.
Tan solo lo muy esencial
para vivir sin batallar
y la naturaleza te lo da.

Doquiera que vaya,
doquiera que estoy
soy oso dichoso,
oso feliz.
La abeja zumba siempre así
porque hace miel solo para mí,
y las hormigas encuentro bien
y saboreo por lo menos cien.

—Claro, ¡hasta sin sal me gustan!
—Pican más que la pimienta.

Lo más vital en esta vida lo tendrás.
—¿Yo lo tendré?
Te llegará.

Busca lo más vital, no más,
lo que has de precisar, no más.
Nunca del trabajo hay que abusar.
Si buscas lo más esencial
sin nada más ambicionar
mamá naturaleza te lo da.
Cuando tomas un fruto
con espinas por fuera
y te pinchas la mano,
te pinchas en vano.
Tomar espinas con la mano es malo,
en vez de la mano
se usa siempre un palo.

Mas fíjate bien, usarás la mano
cuando tomes la fruta del banano.
¿Aprenderás esto tú?
—¡Sí, gracias Baloo!

Lo más vital para existir te llegará.
—¿Me llegará? ¡Nos llegará!

Terry Gilkyson
Adapt.: R. Peña

Canción del oso Baloo de la película *El libro de la selva*.

Encontraréis la base instrumental en II 18
Partitura completa en la P. D.

Tabla de contenidos

4 Tocamos la tríada y el acorde

Canción: *El juez de Aranjuez*

Intensidad: Dinámicas

La tríada de do

Canción: *Tres notas*

La frase musical: Pregunta y respuesta

Vivencias musicales
Los lutier

Lectura de partituras
El lagarto
Caballito

He aprendido

Instrumentos de cuerda frotada con arco: Violín, viola, violonchelo y contrabajo

El quinteto de cuerda: *Quinteto para cuerda op. 13. «Minueto»,* Luigi Boccherini

Vals mexicano

El aprendiz de violín

5 A ritmo de semicorcheas

Canción: *Canción de bañar la luna*

Las cuatro semicorcheas ♬♬

El lenguaje tiene ritmo

El canon

Canon: *To stop the train*

Instrumentos de teclado: El clavicémbalo y el piano

Profesiones musicales: Compositor, director e intérprete. Ludwig van Beethoven

Contradanza número 8, Ludwig van Beethoven

Eram sam sam

La canción de las bananas

6 Juntos cantamos el arpegio

Canon: *Tengo un grillo*

El arpegio de do

La frase musical: Pregunta y respuesta

Compás binario y compás ternario

Canon rítmico corporal

Vivencias musicales
Una fiesta de cumpleaños

Lectura de partitura
Las campanas
Xumba, xumba, xumba

He aprendido

Tradiciones populares: Instrumentos tradicionales de cuerda pulsada

La bandurria y el laúd

La tuna

La rondalla

Danzas de San Jaime: *Jota de Valencia*

Tres hojitas, madre

Busca lo más vital